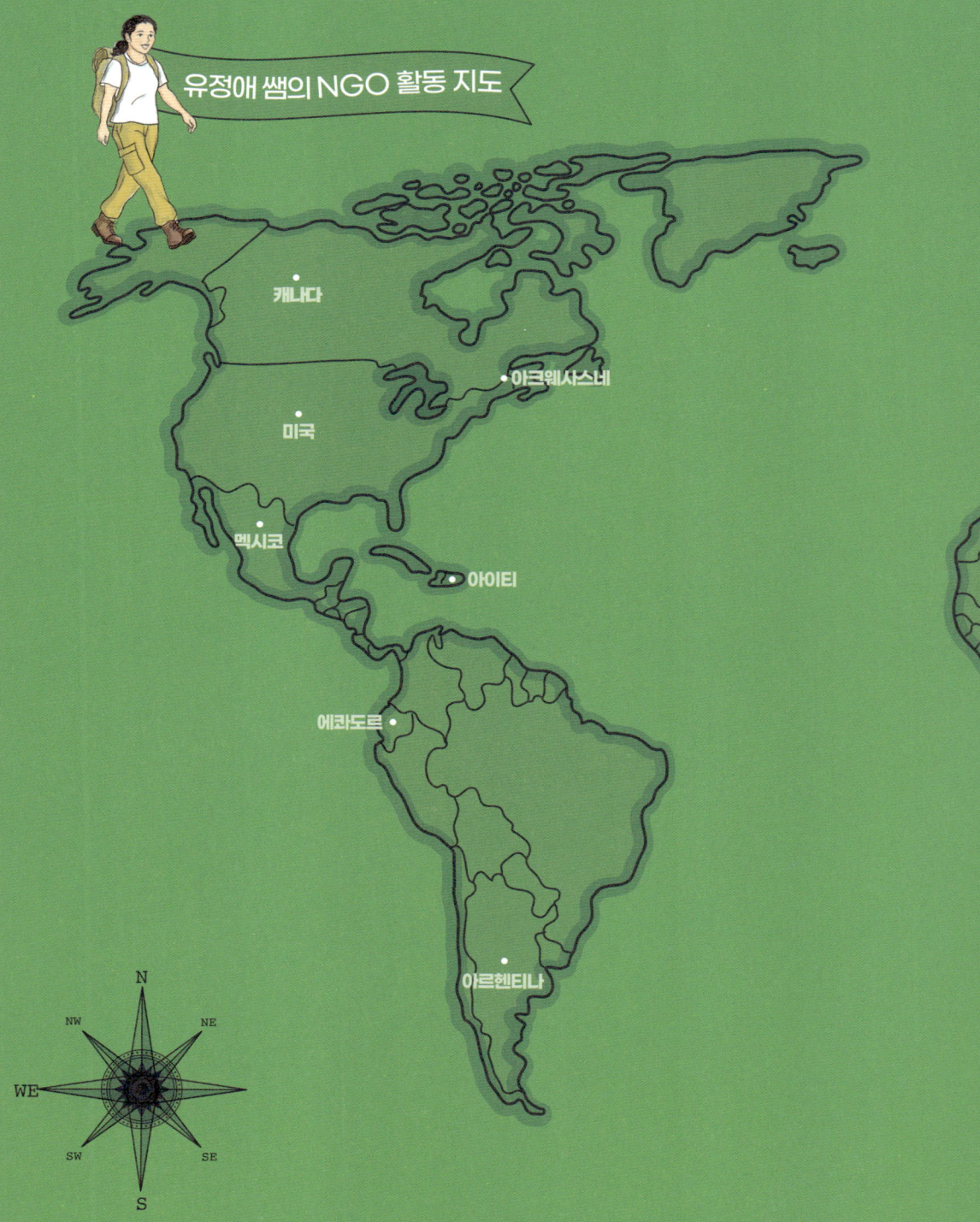

지도를 펼치고
전쟁 대신 평화

지도를 펼치고 전쟁 대신 평화

글 유정애 | 기획 김진 | 그림 노영주

푸른역사

머리말

조금 특별한
세계 여행

 친구들, 안녕? 나는 유정애라고 해. 최근에는 대학에서 세계사를 가르쳤고, 오랫동안 국제 NGO에 소속되어 활동했단다. 친구들도 알고 있을 거야. 세계 곳곳에서 고통받는 사람들을 돕기 위해 활동하는 민간 단체가 NGO인 것을.

 나는 NGO 활동가로 중동의 난민촌을 가기도 하고, 라오스의 깊은 산골에 있는 소수민족 마을을 찾기도 했어. 민주화 투쟁을 하는 사람들을 돕기 위해 필리핀 밀림을 헤매기도 했지. 팔레스타인이나 에리트레아(아프리카 뿔에 있는 나라) 같은 민족 간 분쟁 지역에 들어가기도 했단다. 그렇게 세계 28개 나라를 누비고 다녔는데, 종종 위험에 처했고 심지어 죽을 뻔하기도 했어.

 그런 위험한 일을 왜 했냐고? 빵 한 조각이 없어서 매일 배고픔에 시달리는 사람들, 소독제가 없어서 작은 상처에도 큰 고통을 견뎌야 하는 아이들, 엄청난 폭력 앞에 버텨 보려 애쓰다 끝내 쓰러지는 사람들이 간절히 도움을 기다리고 있었기 때문이야.

　NGO 활동가가 된 것은 특별한 사건 때문이었어. 열여섯 살에 미국 유학을 간 나는 당시 대학에 다니고 있었단다. 아르바이트를 하면서 공부하느라 바쁜 나날이었지.
　학기말 시험을 마친 터라 모처럼 한가했던 어느 날, 느긋하게 저녁을 차려 먹으며 텔레비전을 켰어. 늘 보는 '세계의 뉴스'가 나오는 시간이었거든. 그런데, 뉴스에서 '낯선' 한국말이 나오는 거야.
　"어, 이상하다. 왜 한국어가 들리지? 여긴 미국인데?"
　고개를 갸웃거리며 뉴스를 보다가 큰 충격을 받았어. 텔레비전에 비친 우리나라가 전쟁터와 다름없는 거야. 총격이 벌어지고, 사람들이 쓰러져 있고, 군인들이 사람들을 끌고 가고……. 두 눈을 의심했어. 북한하고 전쟁이 났나? 당시는 북한하고 금방이라도 전쟁이 날 정도로 대립하고 있었으니 자연스레 그런 생각이 들었지. 하지만, 아니었어. 군인들이 일으킨 쿠데타에 항거해 전라남도 광주 시민들이 시위를 했고, 그들을 향해 군인들이 총을 쐈던 거야.
　온몸이 부들부들 떨렸어.

"어떻게 이럴 수 있지? 어떻게?"

계속 이 말만 중얼거렸어. 군인은 외부의 적으로부터 국민을 지키는 사람들이잖아. 그런데 오히려 국민을 향해 총을 쏜다고? 국민을 보호해야 할 국가가 국민에게 폭력을 행사한다고?

어느새 저항하는 시민들 편에서 나도 함께 싸우는 심정이 되었어. 맞아. 그래야지. 어떻게 가만히 있을 수 있겠어. 일제강점기 때 독립을 위해 싸운 독립운동가들이 떠올랐어. 빼앗긴 나라를 되찾고자 떨치고 일어났던 그분들.

그날의 충격으로 세상을 보는 눈이 달라졌어. 그 뒤로 언제나 내 가슴속에는 다음과 같은 말이 새겨져 있었지.

"모든 인간은 인간답게 살 권리가 있다. 누구도 그것을 짓밟을 수는 없다."

그때 주위를 돌아보니 세상에는 너무나 많은 폭력과 차별이 있었어. 그것도 멀리 있는 것이 아니라 바로 내 옆에 있더라. 내 옆의 흑인 친구가, 아메리카 원주민_{흔히 인디언이라고 하는데 이 말 자체가 차별적인 언어이다} 친구가 차별에 시달리고 있었어. 나 또한 미국에 사는 아시아 여성으로서 차별받기는 마찬가지였지.

당장 무엇인가를 해야겠다고 생각했어. 대학 친구들과 사회의 문제들에 대해 고민하고 해결 방법은 없는지 찾기 시작했단다.

대학 졸업 후 바로 NGO 활동가 되었어. 나와 같은 활동가들 뒤에는 인류의 평화와 평등, 그리고 사랑을 바라며 지원해 주는 수많은 사람들이 있었어. 너희 또래의 아이들도 있고 말이야. 그들 덕분에 나는 용기를 잃지 않고 전쟁터로, 밀림으로, 오지로 다닐 수 있었단다.

활동가로서 보낸 시간은 평생 잊을 수 없는 뜻깊은 여정이었고, 나의 역사가 되었어. 그 여정을 통해 나는 세계의 사람들을 더욱 이해하고 사랑하게 되었고, 세계에 조금이라도 보탬이 되는 방향으로 살게 되었다고 자부한단다.

나는 지금도 활동가로 세계 곳곳을 누비고 있어. 세상에는 여전히 고통 속에서 도움의 손길을 필요로 하는 사람들이 많거든. 그 고통은 곧 우리들의 문제이기도 해.

우크라이나와 러시아가 아직도 전쟁 중인 건 알고 있지? 또한 이스라엘과 이란이 전쟁을 시작한 것도? 멀리 떨어진 대륙에서 벌어진 일이라 우리와는 상관없을 것 같지만 그렇지 않아. 그들의 전쟁으로 인해 무역이 흔들리고, 물가가 오르는 등 우리나라 경제가 영향을 받고 있지.

아마존 밀림이 불타서 그곳 원주민들이 살기 힘들어졌어. 그건 원주민만의 일일까? 아니야. 아마존의 밀림이 사라지면서 지구 온난화와 기후 변화가 극심해졌어. 이로 인해 어느 곳은 가뭄으로, 어느 곳은 홍수로 큰 피해를 입고 있지. 기후 문제는 인류의 미래마저 위협하고 있단다.

이처럼 세상은 따로인 것 같지만 모두 하나로 연결되어 있어. 그들이 고통을 받고 있으면 우리도 고통을 받게 되고, 그들이 평화롭고 안전하면 우리도 평화롭고 안전해.

흔히 지금의 세계를 '지구촌'이라고 부르잖아. 세계가 한 마을처럼 가까워졌다는 뜻이야. 우리 세대가 '한국인'으로만 살았다면, 지구촌 시대를 사는 너희들은 '한국인'이면서 동시에 '세계 시민'으로 살아가게 된 거야. 활동 무대가 한국에서 국제 사회로 한층 넓어지고 자유로워졌지. 그만큼 '세계 시민'으로서 평화롭고 평등한 지구 공동체를 가꿀 책임과 의무도 있단다. 이런 공동체 의식이 바탕이 될 때 지금보다 '더 나은 세계'를 만들어 갈 수 있겠지?

이 책은 내가 활동가로 세계 곳곳을 다니면서 만난 사람들, 특히 이 책을 읽는 친구들과 같은 또래의 아이들을 떠올리면서 편지 형식으로 쓴 글이야.

이 아이들의 이야기에 귀를 기울여 보렴. 그러면 '세계 시민'으로 살아가면서 '더 나은 세계'를 가꾸는 길을 찾을 수 있을 거야.

그럼 이 책과 함께 그 방법을 찾아 떠나 볼까?

2025년 8월

유정애

차례

머리말   4
조금 특별한 세계 여행

1. 팔레스타인에서 온 편지: 12
   아이들이 탱크에 돌 던지는 까닭

2. 라오스에서 온 편지: 40
   폭탄을 가지고 노는 아이들

3. 에리트레아에서 온 편지: 70
   한밤중 사막에서 올린 결혼식

4. 시리아에서 온 편지: 96
   난민 캠프에서 살고 있어요

기획자의 말   124
어린이의 마음이 세상을 구한다는 말

1
팔레스타인에서 온 편지:

아이들이 탱크에
돌 던지는 까닭

팔레스타인은
어떤 나라일까?

팔레스타인은 중동에 있는 나라입니다. 지중해를 끼고 있지요. 팔레스타인 사람들은 오랜 세월 이곳에 살면서 로마 제국, 오스만 제국, 영국의 식민 지배를 받았답니다. 이스라엘과의 전쟁은 바로 이 식민 지배 때문이에요. 팔레스타인을 지배하던 영국은 유대인들에게 이곳에 나라를 세울 수 있는 권리를 주었어요. 유대인은 이미 2,000여 년 전 로마 제국이 지배할 때 이곳을 떠났고, 그동안 팔레스타인 사람들이 살고 있었는데 말이에요.

　제2차 세계대전이 끝난 뒤인 1948년 유대인들은 팔레스타인의 일부 지역에 이스라엘을 건국했어요. 팔레스타인 사람들은 저항했지만 식민 지배를 막 벗어난 터라 제대로 싸울 수가 없었지요. 영국과 유엔을 등에 업은 이스라엘은 나라를 세우면서 많은 팔레스타인 사람들을 학살했어요. 약 70만 명의 팔레스타인 사람들이 피란을 가야만 했습니다. 이를 첫 번째 나크바_{아랍어로 대재앙}라고 합니다. 이 사건은 지금까지 이스라엘과 팔레스타인이 갈등하는 이유가 되고 있으며, 팔레스타인은 매년 5월 15일 이를 기념하고 있습니다. 이날은 1948년 이스라엘 건국 선포일 다음 날입니다.

이후 이스라엘은 전쟁을 통해 팔레스타인 사람을 차례로 몰아냈습니다. 그 결과 팔레스타인 사람들은 지금 서안 지구, 가자 지구, 동예루살렘에서만 살 수 있게 되었지요. 그마저도 이스라엘의 간섭과 탄압을 받으면서요. 팔레스타인 사람들은 끊임없이 저항하면서 자신들의 독립 정부를 만들었어요. 정식 국명은 '팔레스티나국'이에요.

팔레스타인 사람들의 고통은 지금도 계속되고 있어요. 2023년에는 가자 지구에서 전쟁이 나면서 대부분의 아이들이 집을 잃고 피란 생활 중인데, 음식과 치료약이 부족해 매우 힘들게 살고 있어요. 날마다 폭탄이 떨어지고 학교와 병원이 무너져 안전한 곳이 없을 정도예요. 전 세계 사람들은 이를 '두 번째 나크바'라고 부르고 있어요.

점점 줄어들고 있는 팔레스타인 영토.

무한나드가 쌤에게

레몬이 열릴 무렵
온 손님

쌤!

우리 집 레몬나무에 레몬이 노랗게 열렸어요. 올해 들어 처음 맺은 열매랍니다.

"올해도 레몬청을 만들 때가 왔구나!"

그 말씀을 하시며 할머니가 살짝 미소를 지으셨어요. 레몬 향이 온 집안에 은은하게 번지는 느낌이었어요.

레몬청을 만들어 놓으면 겨우내 걱정이 없대요. 요리 만들 때도 넣고, 따뜻한 차도 끓여 마시며 겨울을 날 수 있으니까요. 겨울철에 부족한 비타민을 레몬청으로 충분히 섭취하는 거죠. 마치 쌤의 나라 한국에서 김장을 해서 겨울을 나는 것처럼요.

그걸 어떻게 아냐구요? 할머니가 말씀해 주셨거든요.

할머니는 35년 전 쌤이 우리나라에 왔을 때 이야기를 해 주셨어요. 앞마당 레몬나무에 노란 레몬이 주렁주렁 열릴 무렵 우리 집에 오셨다고요. 할머니는 오래전 이야기를 마치 어제 일처럼 생생히 기억하세요.

낯선 한국인이 전쟁으로 집을 잃은 우리나라 사람들을 돕기 위해 왔다는 것이 눈물 나도록 고마웠대요.

그때 미국으로 돌아가는 쌤에게 레몬청 두 병을 줬는데 잘 가져갔는지 아직도 궁금해하세요.

"그때나 지금이나 이스라엘의 검문이 좀 심해야 말이지."

할머니 이마에 패인 주름이 더 깊어졌어요.

"너희가 태어나기 전에 평화로운 날이 올 줄 알았는데……."

할머니는 물끄러미 저를 바라보았어요.

"걱정 마세요, 할머니! 제가 꼭 그렇게 만들게요."

할머니 두 손을 꼭 쥐며 다짐했어요.

저는 지지 않는 법을 알아요. 이스라엘 군대가 아무리 억압해도 우리는 포기하지 않고 저항할 거니까요.

쌤, 그나저나 그때 레몬청은 잘 드셨나요?

참, 쌤은 한국 사람이라고 하는데, 그때 우리나라에는 어떻게 온 거예요? 할머니에게 쌤의 이야기를 듣는 내내 너무 궁금했어요.

무한나드에게

공항에서 벌어진 일

무한나드!

레몬 열매가 열렸다는 소식을 들으니 입안에 새콤한 레몬맛이 감도는 것 같구나. 35년이나 지났지만 팔레스타인에서 만난 따뜻한 사람들과 아름다운 풍경이 오롯이 떠오르네. 어느 집이나 레몬나무 한 그루씩은 있어서 10월이면 온 마을이 노란 레몬 색깔로 물들었는데. 아몬드 꽃이 피는 2월은 마치 한국의 살구꽃이 핀 마을 같아서 더 정겨웠지.

전쟁만 없었다면 얼마나 평화로웠을까?

처음 그곳에 갔을 때 두 가지에 놀랐단다. 하나는 전쟁으로 인해 집집마다 죽거나 다친 사람이 있다는 거, 또 하나는 그럼에도 가족끼리 너무나 화목하고 따뜻하게 지낸다는 거였어. 오랜 전쟁으로 지치고 힘들 텐데 모두들 웃음을 잃지 않았지. 특히 손님에게는 매우 친절했어. 나중에야 알게 되었단다. 팔레스타인에서는 '손님이 오지 않는 집은 천사도 오지 않는다'라는 속담이 있다는 걸. 팔레스타인 사람들은 올리브나무 같은 심성을 지닌 것 같아. 한 그루만 있으면 온 가족을 먹여 살린다는 올리브나무처럼 너그럽고 넉넉한 모습 말이야.

너희 할머니 할아버지도 내게 그런 마음이셨나 봐! 일주일 머무는 동안 그분들의 환대에 팔레스타인에서 겪은 힘든 일들이 눈 녹듯 사라지는 기분이었어.

전쟁으로 집과 가족을 잃고 난민 캠프에서 지내는 사람들에게 당장 필요한 것이 무엇인지, 어려움은 없는지 조사하는 일은 긴장의 연속이었어. 혹여 이스라엘 군의 감시에 걸릴까 봐 더욱 그랬지. 저녁이 되면 녹초가 되곤 했어.

미국으로 돌아가기 전날, 그런 나를 보고 두 분은 안타까워하며 말씀하셨어.

"팔레스타인에 왔으면 예루살렘은 꼭 한 번 구경해야죠. 그렇지 않으면 어디 가서 팔레스타인에 가 봤다는 말은 조금도 꺼내면 안 돼요."

그러고는 내게 꿈 같은 선물을 주셨어. 예루살렘을 여행시켜 주신 거야.

예루살렘을 여행하면서 많은 생각이 들었단다. 너도 알다시피 예루살렘이라는 도시 이름은 히브리어로 '평화의 마을', 아랍어로는 '신성한 도시'라는 뜻이잖아. 그런데 이름과 달리 예루살렘은 종종 전쟁터가 되곤 하지. 아랍 민족인 팔레스타인과 유대 민족인 이스라엘이 이곳을 수도로 삼으려고 서로 싸우고 있기 때문에 말이야.

예루살렘은 유대교, 기독교, 이슬람교의 성지로, 역사는 물론 종교적으로 매우 중요한 도시지. 유대교를 믿는 유대 민족은 다윗과 솔로몬이 왕국을 건설한 뒤 성전을 세운 이곳을 성경에서 말한 '약속의 땅'이라 믿어. 기독교에서는 예수 그리스도가 묻힌 성지로 생각하고. 또 이슬람교에서는 예언자 무함마드가 하늘로 승천해 신을 만난 곳유대 민족의 성전이 있던 자리에 세워진 이슬람 황금돔 사원이 있는 신성한 도시로 여기지. 그래서 예루살렘은 세 종교의 구역이 나뉘어 있어. 그걸 보니 오래전부터 이곳에서 왜 전쟁이 일어났는지 알 것 같았어.

이런 역사적 도시를 이스라엘이 점령하고 팔레스타인 사람들을 쫓아낸 거야. 그래서 싸움이 계속되는 게 전혀 이상하지 않아. 그날 여행을 하면서도 언제 충돌이 일어날지 몰라 조마조마했어.

세 종교의 성지인 예루살렘이 그 이름처럼 평화의 마을이 되는 날은 언제 올까.

참, 무한나드!

할머니가 속상하실까 봐 그간 말을 안 했는데, 이제는 털어놓아야겠구나!

마지막 날, 할머니가 주신 레몬청 병을 소중하게 품고 이스라엘의 텔아비브 공항으로 향했어. 외국인들이 팔레스타인에 갈 때, 또는 팔레스타인 사람들이 외국을 드나들 때는 텔아비브 공항을 이용해야 하거든. 이스라엘의 감시를 피할 수 없는 거지.

공항 검색대에 레몬청 두 병이 든 가방을 올려놓고 기다렸어. 그런데 검색 요원들이 내 짐을 갖고 저희들끼리 뭐라 뭐라 하더니 나를 사무실로 데려가는 거야. 매우 위협적인 태도로 말이지. 난 팔레스타인에서 활동을 했고, 팔레스타인을 돕기 위해 온 거잖아. 온몸이 차갑게 얼어붙는 느낌이었어. 하지만 태연한 척하며 따라갔지. 사무실 분위기는 삼엄했어.

"이게 뭔가?"

"레몬청인데, 뭐가 문제인가요?"

떨리는 마음을 가라앉히고 침착하게 말했어.

"레몬청? 열어 봐!"

나는 행여 레몬청이 샐까 봐 단단히 여민 포장지를 풀었어.

"이것 보세요! 레몬청이잖아요."

그랬더니 그들이 어떻게 했는지 아니?

"레몬청 안에 뭘 숨겨 두었는지 봐야겠어."

그러고는 병뚜껑을 열더니 녹슨 철사로 레몬청을 휘휘 젓는 거야. 마음이 찢어졌어. 할머니의 정성을 이렇게 헤집어 놓다니!

결국 아무것도 나오지 않자 그들은 미안하다는 말 한 마디 없이 가라고만 하더라. 나는 부들부들 떨며 레몬청 병을 안고 전속력으로 달렸단다. 조사받는 바람에 비행기를 놓칠 뻔했거든.

'도대체 이런 적대감과 폭력은 언제쯤 멈출까? 미래 세대를 위해서라도 폭력을 끝내야 해. 그게 내가 할 일이야.'

집에 돌아와서 녹슨 철사로 휘휘 저어진 레몬청을 쏟아 내면서 다짐했어.

할머니의 병은 깨끗이 씻어 부엌장에 넣어 두었어. 가끔 그 병을 꺼내 보며 되새긴단다. 전쟁과 폭력을 지구에서 사라지게 하는 그날까지 내가 할 수 있는 일은 꼭 해야겠다고 말이야.

쌤에게

나의 사촌형 야밀

쌤!

햇볕이 따뜻한 창가에서 뜨개질을 하시던 할머니가 쌤 이야기를 듣고는 몹시 속상해하셨어요.

"한국의 겨울은 춥다고 하던데……. 따뜻한 물에 레몬청 한 스푼 푹 떠서 넣어 마시면 감기 한 번 걸리지 않고 겨울을 날 텐데."

할머니는 쌤이 겪은 그 일이 마치 지금 일인 양 말씀하셨어요.

오늘은 가자 지구에서 자동차 판매업을 하는 삼촌이 왔어요. 사촌형 야밀과 함께요.

"빌어먹을 이스라엘 놈들!"

삼촌은 들어오자마자 욕을 했어요.

"애들 앞에서 왜 욕은 하니?"

할머니가 부드럽게 말씀하시고는 곧 의아해하며 물으셨어요.

"그나저나 갑자기 웬일이냐?"

삼촌은 검문소에서 한참을 시달린 탓에 얼굴이 붉으락푸르락했어요. 할머니 앞이라 간신히 화를 참는 게 보였어요.

"야밀 말이에요, 여기에서 며칠 좀 지내게 해 주세요."

"왜? 무슨 일 있냐?"

할머니가 놀라며 물었어요.

"엊그제 야밀의 친구 오데가 이스라엘 군대에 잡혀갔어요. 낮에 이스라엘 놈들에게 돌을 던졌다고 한밤중에 무장한 채로 오데네 집에 쳐들어 와서 애를 끌고 갔대요."

그 말을 듣고 할머니는 바닥에 털썩 주저앉으며 소리쳤어요.

"오! 알라시여!"

삼촌은 할머니를 부축해 일으키며 말했어요.

"이 녀석도 오데와 같이 돌을 던졌대요. 그래서 놈들이 오기 전에 데리고 도망온 거예요. 그 날 돌 던진 아이들을 찾고 있으니 우리 집에도 언제 쳐

1. 팔레스타인에서 온 편지

들어올지 몰라서요."

할머니는 두 팔을 벌려 야밀 형을 안아 주었어요.

그날 밤 야밀 형과 함께 많은 이야기를 나누었어요.

"우리가 돌을 던지는 건 이스라엘의 폭력에 대한 최소한의 저항이야. 그런데 무장한 군대가 와서 겨우 열 몇 살짜리를 끌고 가는 게 정상이냐?"

그러고는 입술을 깨물며 말했어요.

"나가서 싸우면 죽을 수 있어. 하지만 가만히 있어도 죽어. 가만히 있으면 이스라엘은 우리 사는 곳 구석구석까지 전부 다 차지하려 할 거야. 우리의 미래를 위해서라도 가만히 있으면 안 돼."

인티파다 Intifada

인티파다Intifada는 '봉기', '반란'이라는 뜻의 아랍어입니다. 팔레스타인 사람들이 이스라엘의 지배와 억압에 반대해 저항하는 운동을 말하지요.

1987년 12월 이스라엘 지역에서 작업을 마치고 가자 지구의 자바리야 난민촌으로 돌아오던 팔레스타인 사람들이 이스라엘 군용 트럭에 치여 사망하는 사고가 일어났습니다. 이 사건을 계기로 이스라엘의 차별 정책에 대한 팔레스타인 사람들의 불만이 폭발했어요. 약 4,000명의 팔레스타인 사람들이 항의 시위를 했습니다. 무기도 없이 시위를 했지만 이스라엘 군인들은 이들을 향해 총을 쏘았지요. 이로 인해 약 1,000여 명의 팔레스타인 사람들이 죽었답니다. 1987년 시작된 이 저항은 1993년까지 이어졌어요. 이것이 첫 번째 인티파다입니다다.

두 번째 인티파다는 2000년 9월에 일어났습니다. 당시 이스라엘의 총리가 이슬람교도들의 성지인 동예루살렘의 알-아크사 사원을 방문하면서 시작되었어요. 팔레스타인 사람들이 항의 시위를 했어요. 그러자 이스라엘이 이들을 매우 강경하게 진압하고는 팔레스타인 자치 지구를 다시 점령했지요. 팔레스타인 사람들은 그에 대한 항의로 이스라엘에 폭력적인 저항을 하게 되었고, 이스라엘은 이에 보복하는 불행이 이어지고 있습니다.

쌤, 그간 이스라엘에 끌려간 우리나라 아이들이 만 명이 넘어요. 이스라엘은 우리 땅을 차지한 뒤 유대인 정착촌을 끊임없이 늘리고 있어요. 수시로 우리들이 살고 있는 집이랑 학교를 비행기로 폭격하고 있어요. 자기들은 그러면서 겨우 돌 던졌다고 무장 군인이 힘없는 아이들을 마구 잡아가고 있는 거지요. 저는 할머니 할아버지가 염려하실까 봐 꾹 참고 있지만, 마음속으로는 수없이 돌을 던지고 있어요.

야밀 형이 제게 말했어요.

"세 번째 인티파다*가 꼭 일어나야 해."

야밀 형은 제게 영웅이에요. 야밀 형만은 끌려가지 않길 바라고 또 바란답니다.

쌤!

이런 현실도 모르고 아직 많은 사람들이 우리 팔레스타인 하면 전쟁과 테러를 떠올린다니 마음이 아파요. 우리는 우리의 생존을 위해 싸우는 건데 말이에요.

무한나드에게

평화는 어떻게 올까?

무한나드!

야밀 형은 정말 용감하구나! 옳지 않은 일에 대항해 싸우는 건 매우 큰 용기를 필요로 하지.

야밀도 아직 십대 소년에 불과한데 돌을 들어야 하는 팔레스타인의 현실이 너무도 안타깝고 속상하구나. 어른들, 특히 정치를 하는 사람들의 삐뚤어진 욕망이 이런 상황을 만들었다고 생각하니 어른으로서 깊은 책임감을 느낀단다. 야밀 형이 저항하다가 폭력에 희생당하지 않았으면 하는 마음이 간절하구나!

내가 처음 팔레스타인에 간 것은 첫 번째 인티파다가 일어났을 때야. 그때만 해도 세계 여러 나라 사람들은 팔레스타인 문제를 제대로 알지 못했단다. 전쟁이 엄청나게 자주 일어나는 곳이라는 좋지 않은 생각들만 있었지. '중동의 화약고'라는 말이 생길 정도로 말이야. 이는 팔레스타인이 전쟁의 원인처럼 보이게 하는 말이었어.

당시는 미국을 비롯해 영국, 프랑스 등 유럽의 나라들이 이슬람교와 이를 믿는 아랍 민족에 대한 편견을 가졌거든. 당시에는 이슬람 극단주의자 민주주의와 법치, 다른 종교나 사상을 배척하며 테러를 일삼는 일부 이슬람교도들의 테러가 자주 발생했는데, 그 때문에 팔레스타인도 테러를 하는 나라라는 잘못된 생각이 퍼져 있었어.

팔레스타인에 가기 전까지는 나도 팔레스타인 사람들에 대해 잘 몰랐단다. 막상 가서 보니 그런 오해가 싹 가시더구나.

팔레스타인 사람들이 이스라엘에 대항해 싸우는 것은 생존에 관한 문제였어. 왜 아니겠니? 수천 년 동안 조상 대대로 살아온 땅에서 하루아침에 쫓겨났으니 말이야.

그런 일이 일어난 데에는 당시 상황도 한몫했지. 유대인들은 제2차 세계대전 때 독일 사람들에게 엄청난 차별과 학살을 겪었어. 전쟁의 큰 피해자였지. 이 때문에 팔레스타인 사람들이 조상 대대로 살아온 땅을, 유대인들이 자신들이 잃어버린 땅이라고 주장하면서 차지해 버려도 세계 대부분 나라에서는 잠자코 있었단다.

유대인들이 팔레스타인 땅을 자신들이 잃어버린 땅이라고 하는 근거는 무엇일까? 사실 팔레스타인 사람들이 살고 있는 그 땅은 유대인들도 대대로 살던 곳이야. 말하자면 두 민족이 때로는 싸우면서 때로는 평화를 유지하면서 함께 살아 왔던 곳이지. 그런데 거대한 로마 제국이 그곳을 지배하자 모든 게 달라졌어. 유대인과 팔레스타인 사람들 사이에 종교와 민족 갈등이 시작된 거야. 로마는 유대교를 믿는 유대인들을 그 땅에서 쫓아냈어. 팔레스타인 사람들은 유대인들이 쫓겨난 그 땅에서 로마 제국과 오스만 제국^{지금의 튀르키예} 등 강대국들의 지배를 받으며 지냈고. 팔레스타인은 오스만 제국의 영향으로 이슬람교를 믿는 이슬람 국가가 되었어.

한편 그 옛날, 2,000여 년 전에 로마에 의해 쫓겨난 유대인은 세계 곳곳에 흩어져 살면서 열심히 돈을 모으고 힘을 키웠어. 자신들이 쫓겨난 땅을 되찾고자 했지. 그리고 제2차 세계대전이 끝난 후 유대인들은 자신들의 돈과 권력을 이용해 영국을 비롯한 강대국을 움직였단다. 그 결과 팔레스타인 땅에 이스라엘이라는 나라가 들어선 거지. 이것이 이스라엘과 팔레스타인 전쟁의 시작이야.

수많은 제국과 강대국의 지배를 받으면서 그 땅을 지켜온 팔레스타인 사람들은 이 상황이 너무도 어이가 없었어. 이스라엘과 전쟁을 시작하긴 했지만, 오랫동안 식민 지배를 받은 터라 제대로 된 무기도 없었어. 반면 유대인은 차곡차곡 모아 둔 돈과 권력으로 무기를 사들여 팔레스타인을 공격했어. 팔레스타인 사람들은 점점 밀리게 되었고, 이스라엘 군대에 의해 통제받고 억압받는 생활을 하게 되었단다.

집을 잃고 가족을 잃은 팔레스타인 사람들은 더 이상 참을 수 없게 되자 무기 없는 저항을 시작했어. 그것이 첫 번째 인티파다야.

두 번째 인티파다가 일어난 2000년 9월 나는 미국에서 그 상황을 뉴스로 봤단다. 팔레스타인의 난민 캠프에 사는 친구들이 떠오르더구나. 아무런 희망도 없이 난민 캠프에서의 생활이 전부인 줄 알고 살아가던 그들 말이야.

35년이 지난 지금까지도 두 나라가 끊임없이 전쟁을 하고 있다는 사실이 무척 가슴 아프단다. 몇 번의 평화 협상이 있었지만, 두 나라의 갈등은 조금도 해소가 되지 않았어! 오히려 35년 전에는 비무장 봉기를 했던 팔레스타인 사람들이 이제는 무기를 갖추고 이스라엘에 맞서 강력하게 투쟁을 하고 있어. 가자 지구 자치 단체인 하마스라는 군사 조직이 앞장서고 있지. 갈등이 더 깊어지고 더 위험해진 거야. 폭력은 폭력을 낳을 뿐 아무것도 해결해 주지 않는다는 것을 고스란히 보여 주고 있어.

지금 세계의 많은 사람들이 이스라엘을 향해 폭력을 멈추라고 하고 있어. 이에 대항하는 팔레스타인 군대에 대해서도 마찬가지야.

어떻게 해야 평화를 이룰 수 있을까? 복잡하게 얽힌 이 문제를 어떻게 풀 수 있을까? 많은 생각을 해 봤어. 무엇이 먼저여야 할지 말이야. 종교와 인종, 문화적 차이를 받아들이고, 서로의 다름을 인정해 주는 것, 그것이 첫걸음이 아닐까?

언젠가 팔레스타인과 이스라엘의 어린이들이 함께 모여 평화에 대해 이야기한다는 소식을 들었어. 그렇게 한 걸음 한 걸음 대화를 통해 서로 다르다는 사실부터 받아들인다면, 그렇게 미래를 위해 나아간다면, 평화가 오지 않을까? 이를 위해서는 누가 먼저랄 것 없이 미움이나 편견을 버려야겠지. 평화는 서로를 이해하고 배려하는 데서 시작될 수 있으니까.

쌤에게

세계 평화 활동가가
되고 싶어요

쌤의 편지를 받고 평화에 대해 생각해 보았어요.

이스라엘 사람들이 무조건 밉기만 했는데, 이스라엘의 입장에서 생각해 보기도 했어요. 만일 2,000여 년 전에 로마 제국이 유대인들을 팔레스타인에서 쫓아내지 않았다면 어땠을까요?

결국 당시 이스라엘도 강대국에 의해 자신들이 살던 땅에서 쫓겨난 거라 한편으로는 억울할 것도 같아요.

그렇지만, 지금 이스라엘은 정말 잘못하고 있다고 생각해요. 이스라엘이 제2차 세계대전 때 독일인에 의해 핍박받은 것을 기억한다면, 우리에게 그렇게 하지 못할 거예요. 자신들도 피해를 입은 민족이면서 우리에게 똑같은 핍박과 억압을 하는 건 정말 옳지 않아요. 그래도 미워하지는 않으려고요. 할머니도 말했어요. 먼저 변화하고 손을 내미는 쪽이 이기는 거라고요.

지금 팔레스타인에는 아몬드 꽃이 활짝 피었어요. 아몬드 꽃은 국경을 가리지 않고 피어나요. 언젠가는 이스라엘 사람과 팔레스타인 사람들도 국경을 뛰어넘어 함께 살아가는 날이 오겠지요?

쌤, 저는 꿈이 하나 생겼어요. 이다음에 커서 쌤처럼 세계 평화 활동가가 되고 싶다는 거예요. 그러다가 유엔 사무총장이 될지 누가 아나요? 그렇게 되면 전 세계의 모든 전쟁을 끝내기 위해 노력할 거예요.

전에는 꿈이 없었어요. 이스라엘과 싸워서 이기는 것만이 소원이었어요. 하지만 쌤과 편지를 주고받으면서 바뀌었어요.

제 꿈을 응원해 주실 거라고 믿어요!

2

라오스에서 온
편지:

폭탄을 갖고
노는 아이들

라오스는
어떤 나라일까?

인도차이나반도에 있는 라오스는 국토의 70퍼센트가 산이고, 그 산 사이로 메콩강이 국토를 가로질러 흐르고 있는 나라입니다. 메콩강은 길이로 보면 세계에서 열두 번째로 긴 강이고, 강물의 양으로 보면 열 번째로 큰 강이에요. 메콩강은 '어머니의 강'이라는 뜻인데, 그 의미처럼 라오스의 많은 사람들이 이 강에 기대어 살고 있지요.

50여 개의 부족이 흩어져 살고 있는 라오스는 메콩강 일부 지역을 빼고는 농사가 잘 되지 않는답니다. 산이 많고 커다란 강이 있어서 교통수단이나 통신도 발달하지 못했고요.

근대로 들어오면서 베트남, 라오스, 캄보디아 등 인도차이나반도 대부분의 나라가 프랑스의 식민 지배를 받았습니다. 식민 지배 당시에는 교육도 거의 이루어지지 않았어요.

1953년 프랑스로부터 독립한 라오스는 베트남전쟁으로 인해 많은 피해를 입었습니다. 전쟁 당시 미군이 쏟아부은 엄청난 양의 폭탄은 라오스 국토 대부분을 오염시켰어요. 폭탄이 곳곳에 떨어져 국토는 망가졌고, 많은 사람들이 죽거나 다쳤지요. 폭격 피해자들에 대해 미국 정부는 아무런 대책을 내놓지 않았습니다. 라오스 정부도 힘이 없었고요.

　이런 라오스를 돕기 위해 국제 원조 기구와 세계 여러 나라가 라오스 재건 사업에 참여하였고, 지금도 계속되고 있답니다.

쌤에게

포탄 껍질로
만든 숟가락

쌤, 지금 우리 마을에는 비가 내려요. 집 앞에 우뚝 솟은 산 위로 비구름이 느릿느릿 지나가고 있어요.

"비 오는 계절이 시작되었구나!"

아빠가 대장간 아궁이에 불을 지피며 말했어요. 저는 지금 대장간 한구석에서 쌤에게 편지를 쓰고 있어요. 아빠는 능숙한 솜씨로 불을 지핀 뒤 포탄 껍질을 담은 도가니를 활활 타오르는 불 속에 넣어요. 포탄 껍질이 노글노글해지면 얼른 꺼내 주물 틀에 붓지요. 그러면 작고 예쁜 숟가락이 만들어져요.

아빠가 하루 종일 포탄 껍질을 녹여서 숟가락을 만들면 엄마는 그걸 팔러 나가요. 아빠가 만드는 것은 숟가락만이 아니에요. 연꽃과 코끼리도 만들어요. 부처님께 다시는 전쟁이 없기를 비는 마음을 담으셨대요.

사실 아빠는 한쪽 다리가 없어요. 어렸을 때 불발탄이 터지는 바람에 그렇게 됐대요. 아빠는 아직도 종종 사고 장면이 꿈에 나온대요. 그런 꿈을 꾸고 나면 그때의 두려움이 고스란히 되살아난다고 해요.

그날 아빠는 친구들과 들판에 곤충을 잡으러 갔대요. 땅속에 갈색 공 하나가 박혀 있는 게 보였대요.

"와, 이거 웬 공이야?"

"어, 쇠로 만들어졌네."

아빠는 친구들과 그것을 파내 던졌는데, 쇠로 만든 그 공이 땅에 떨어지는 순간 펑 하는 소리와 함께 정신을 잃고 말았대요. 깨어나 보니 아빠의 한쪽 다리가 없었다고 해요. 함께 있던 아빠 친구는 손가락을 잃었고요.

다리의 상처는 나았지만 아빠 마음속 상처는 잘 낫지 않았나 봐요. 아직도 둥근 공 모양 물건만 봐도 덜덜 떨린다고 하세요.

그러던 어느 날 시장에 갔다가 포탄 껍질로 연꽃을 만들어 파는 몽족 라오스의 소수민족 중 하나 할아버지를 만났대요. 베트남전쟁에 참전한 군인이었는데, 할아버지는 그 때문에 평생 마음이 편한 적이 없었대요. 그래서 부처님이 자신의 죄를 용서해 주길 바라는 마음에서 포탄 껍질을 주워서 연꽃을 만든다고 하셨대요.

아빠는 그 연꽃을 하나 사 가지고 돌아왔어요.

그때부터 아빠도 포탄 껍질을 녹여 물건을 만들어 팔기 시작했어요. 아빠는 그 덕분에 엄마를 만나 결혼도 하고 저를 낳았어요.

"사람을 죽이던 포탄이 사람을 살리는 물건으로 다시 태어났어."

아빠는 주물 틀에서 나온 숟가락을 곱게 다듬으면서 말씀하시곤 해요.

"사람을 살리는 물건요?"

아빠에게 무슨 뜻이냐고 물었어요. 그랬더니 밥을 먹는 건 곧 생명을 유지하기 위한 것이니 숟가락이 사람을 살리는 물건이 아니냐면서 씩 웃었어요.

나는 그런 아빠 웃음을 보면 마음이 찡해져요. 굉장히 자랑스럽기도 하고요. 아빠는 사람을 살리는 일을 하고 있잖아요.

부아반에게

미움 대신 용서를, 전쟁 대신 평화를

부아반!

너의 편지를 읽고 무척 감동을 받았단다. 전쟁에서 사람을 죽이던 도구가 평화의 연꽃으로, 혹은 사람의 생명을 이어 가는 도구인 숟가락으로 다시 태어난 것은 정말 아름다운 일이라고 생각해.

전쟁에 참여했던 몽족 할아버지나 전쟁에 참여하지 않았던 너의 아빠나 모두 전쟁의 희생자야. 그런데도 미움 대신 용서를, 전쟁 대신 평화를 구하는구나.

몽족 할아버지는 아마 라오스에서 평생 차별과 무시를 당했을 거야. 바로 베트남전쟁 때문이지. 베트남전쟁에서 라오스의 대부분 민족들이 베트남 편에 섰을 때 몽족은 미국을 도왔거든. 미국 정부가 몽족을 회유하고 포섭했기 때문이야. 미국이 전쟁에서 지고 철수한 후, 몽족은 다른 라오스 사람들의 보복을 피해 라오스를 탈출하거나 산속 깊이 숨어들어 살게 되었어.

지금은 라오스 정부의 동화 정책과 국제 사회의 지원으로 상황이 나아지고 있지만 몽족에 대한 차별은 완전히 사라지지 않았단다.
　할아버지가 포탄 껍질로 연꽃을 만드는 건 아마도 그런 과거에 대해 용서를 구하기 위해서겠지? 사실 할아버지 개인의 잘못은 아니야. 몽족이기 때문에 겪어야 했던 고난이지. 그렇게 보면 할아버지

도 전쟁의 희생자라고 생각해. 전쟁이 일어나지 않았다면 할아버지도 평화롭게 농사를 지으며 살았을 텐데…….

부아반의 아빠는 직접 전쟁에 참여하지는 않았지만 그 전쟁이 남긴 잔해에 사고를 당한 거지. 그런데도 원망이나 미움보다는 사랑으로 살아가는 모습이 참 아름답게 보여. "사람을 죽이던 포탄이 사람을 살리는 숟가락으로 다시 태어났다."는 부아반 아빠의 말에서 평화를 바라는 마음이 고스란히 전해진단다.

오랜 옛날, 한국에는 고구려·백제·신라라는 세 나라가 있었어. 한국 사람들은 그 시대를 '삼국시대'라고 부른단다. 세 나라는 영토를 늘리기 위해 수시로 전쟁을 했어. 그러다가 신라가 세 나라를 통일했지. 그때 신라의 문무왕은 모든 무기를 녹여서 농기구로 만들었다고 해. 다시는 전쟁이 없기를 바라는 마음이었을 거야.

다시, 부아반에게

라오스와
베트남전쟁

알다시피 베트남전쟁은 베트남과 미국 사이에 벌어진 전쟁이야. 그런데 왜 라오스가 그처럼 많은 피해를 입은 걸까? 이 의문을 풀기 위해서는 그 역사를 살펴봐야 해.

혹시 '냉전$^{Cold\ War}$'이라는 말 들어봤니? 말 그대로 차가운 전쟁이야. 직접 무기를 들고 싸우지는 않지만 국가들 간에 긴장과 갈등이 심해 전쟁과 다름없는 상태를 말한단다. 서로 정치적으로 대립하는 것은 물론 경제력과 군사력으로 경쟁을 하고, 서로의 정보를 빼내기도 하지. 또 제3국을 이용해 전쟁도 치른단다. 이를 대리 전쟁이라고 해. 한국전쟁^{흔히 6·25전쟁이라고 부른다}과 베트남전쟁이 바로 냉전 중에 벌어진 대리 전쟁이라고 할 수 있단다.

제2차 세계대전이 끝난 뒤, 세계는 '냉전' 시대였어. 미국과 소련^{지금의 러시아로 그때는 소비에트연방, 줄여서 소련이라 불렀다}, 두 나라를 중심으로 세계는 갈라졌단다. 자유민주주의^{혹은 자본주의}를 대표하는 미국과 사회주의_{공산주의}를 대표하는 소련의 편이 된 나라들은 교류를 끊은 채 치열한 첩보전을 펼치는 등 소리 없는 전쟁을 치르고 있었단다. 베트남전쟁은 이 냉전 중에 벌어진 '뜨거운 전쟁', 즉 열전^{hot war}이었지.

베트남은 제2차 세계대전이 일어나기 전까지 프랑스의 지배를 받고 있었어. 베트남뿐만 아니라 라오스, 캄보디아도 마찬가지였어. 프랑스의 식민 지배를 받은 이 세 나라를 프랑스령 인도차이나라고 불렀어.

제2차 세계대전 중에 프랑스가 독일에 항복하자 그 틈을 타 일본군이 베트남을 점령했어. 그러나 일본이 제2차 세계대전에서 패망하면서 베트남은 일본의 지배에서 벗어나게 돼. 베트남 사람들은 베트남민주공화국을 수립하고 독립을 선포했어. 베트남의 독립운동가 호찌민이 초대 주석이 되었지. 그러자 프랑스가 베트남의 독립을 인정하지 못하겠다면서 전쟁을 일으켰어. 베트남은 호찌민을 중심으로 똘똘 뭉쳐 프랑스에 대항했고, 9년이라는 긴 시간 동안 전쟁을 치렀어. 이것을 제1차 인도차이나 전쟁이라고 한단다.

이때 라오스에는 베트남 민족주의군_{비엣민}의 지원을 받은 파테트라오 _{라오스 공산주의 단체}가 등장해 프랑스 식민 지배에 맞서 싸웠어. 전장은 1954년 제네바 협정으로 끝이 났고, 이 협정으로 라오스는 독립을 했단다.

베트남과 프랑스의 전쟁도 마찬가지로 제네바 협정으로 끝이 나. 더 이상 피를 흘리는 전쟁은 하지 말자면서 중국·소련 등의 사회주의 국가들과 미국·영국 등 자유주의 국가들이 스위스 제네바에서 합의를 한 거지. 그러나 베트남은 남북으로 분단되고 말았어. 북베트남에는 호찌민이 이끄는 사회주의 정부가, 남베트남은 미국의 지원을 받는 자유민주주의 정부가 세워졌어.

북베트남 사람들은 통일을 위해 무장투쟁을 선언했어. 이에 미국은 북베트남에 중국이나 소련이 개입할 것을 두려워한 나머지 전쟁을 일으켰단다. 이것이 베트남전쟁이야. 여기에 한국, 타이, 필리핀, 오스트레일리아, 중국 등이 참전하면서 국제적인 전쟁이 되었어.

미국은, 만일 베트남이 공산화가 된다면 그 주변 국가인 라오스와 캄보디아도 도미노처럼 차례로 공산화가 될 거라고 생각했어. 이걸 '도미노 이론'이라고 해. 그렇기 때문에 미국으로서는 반드시 이겨야 하는 전쟁이었지.

지금도 그렇지만 당시에도 미국은 엄청난 군사력을 가진 나라였지. 그러나 베트남은 쉬운 상대가 아니었어. 북베트남 사람들은 호찌민을 중심으로 똘똘 뭉쳤고, 남베트남 사람들도 호찌민을 도왔어. 이때 북베트남 사람들은 험한 산악 지대나 정글 지대의 지상과 지하로 연결된 작은 길을 통해 남베트남 인민군에게 병력과 군수품을 지원했어. 이 길을 '호찌민 루트'라고 불렀단다.

 이 호찌민 루트가 라오스 동쪽 지역을 통과하는 바람에 라오스도 전쟁터가 되었단다. 베트남 사람들은 호찌민 루트를 따라 게릴라전을 펼쳤어. 미군은 속수무책이었어. 밀림과 땅밑으로 이어진 호찌민 루트를 귀신처럼 드나드는 베트남군을 도저히 상대할 수 없었거든.

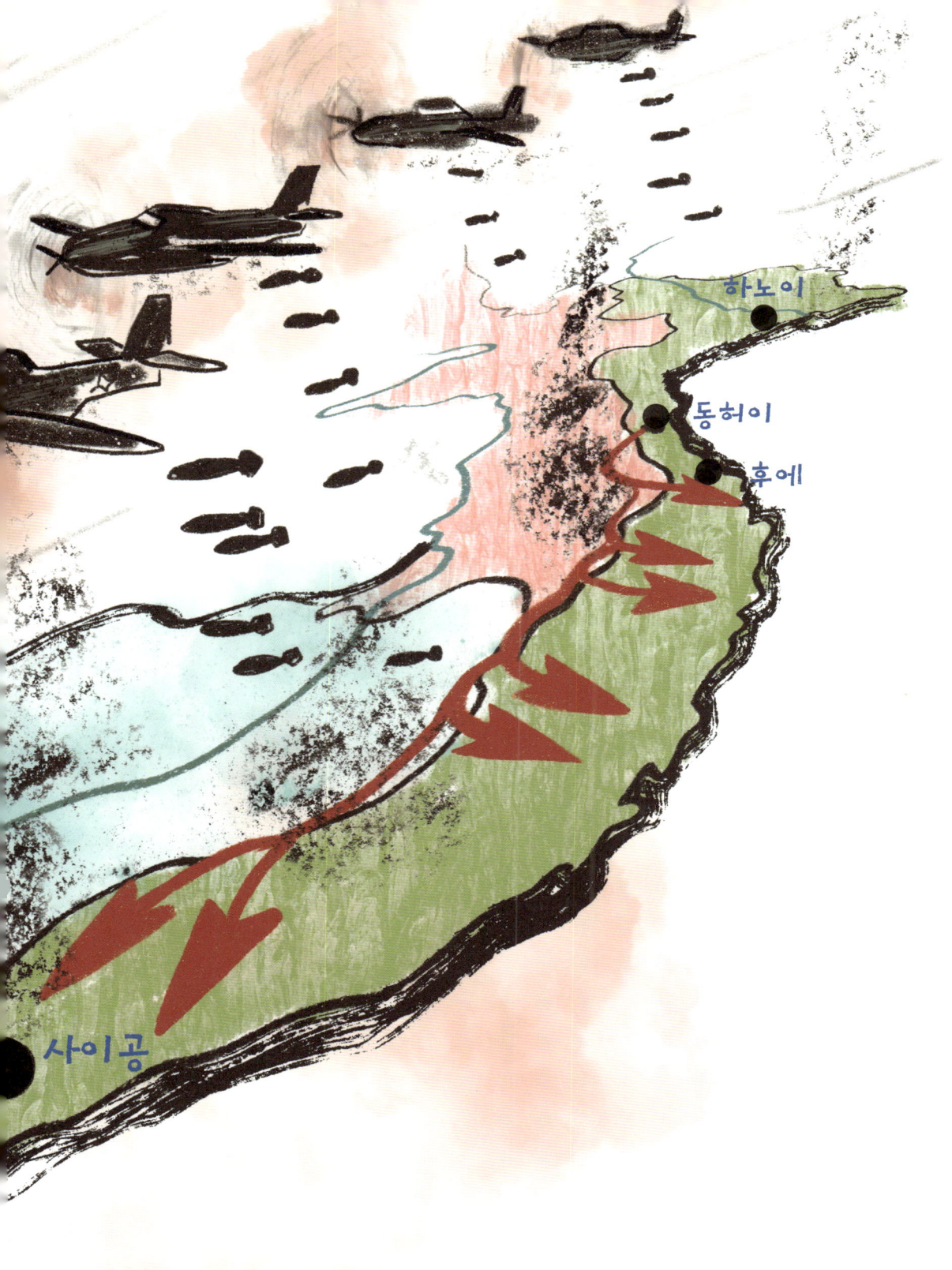

미국은 호찌민 루트를 파괴하기 위해 어마어마한 양의 폭탄을 쏟아부었어. 마치 하늘에서 폭탄비가 쏟아지는 것 같았다고 해. 어디가 어딘지 몰라 정글 위로 무작정 폭탄을 쏟아부어서 자기네 군대에 폭격을 하는 일도 있었대. 베트남 군인을 찾고자 고엽제를 뿌려 정글의 밀림을 말라 죽이기도 했어. 이때 고엽제를 맞은 사람들은 장애를 얻었을 뿐만 아니라 후손들도 고엽제 후유증을 앓고 있지. 1964년부터 1973년까지 미국은 라오스에도 200만 톤이 넘는 어마어마한 폭탄을 투하했어. 인구수를 기준으로 하면 라오스는 세계에서 가장 많은 폭격을 당한 나라라고 해.

안타까운 사실은 당시 라오스가 공식적으로 중립국이었다는 사실이야. 중립국은 알다시피 이 편도 저 편도 들지 않는 거잖아. 전쟁이나 분쟁이 일어나도 중립국은 자기 나라의 의지에 따라 평화를 유지할 수 있는 거지. 그런데도 북베트남과 미국은 이를 무시하고 라오스 영토에서 전쟁을 치렀던 거야.

게다가 미국은 베트남과 지리적으로 붙어 있는 라오스에서 사회주의가 확산되는 것을 막고 북베트남의 보급로를 차단하기 위해 라오스를 아예 전쟁에 끌여들였어. 이 바람에 라오스는 미국 비밀 작전의 중심지가 되었어. 미국 중앙정보국^{CIA}은 라오스의 공산 세력인 파테트 라오와 북베트남군에 맞서 싸우기 위해 몽족을 포함한 반공 세력을 포섭하였단다. 너희 아빠가 시장에서 만난 몽족 할아버지도 이 때문에 전쟁에 참여하게 된 거야.

이처럼 베트남전쟁 때문에 라오스 사람들이 고통을 겪고 있을 때 내전도 일어났단다. 당시 미국의 지원을 받은 라오스 왕정 정부에 맞서 북베트남과 소련의 지원을 받은 사회주의 단체 파테트 라오가 전쟁을 벌인 거야. 그 결과 파테트 라오가 승리해서 1975년 12월 사회주의 국가인 라오인민민주공화국이 수립되었어.

전쟁이 끝난 지 수십 년이 지났지만, 라오스는 여전히 전쟁의 후유증을 앓고 있어. 네 아빠처럼 불발탄이 터지는 바람에 지금까지도 피해자들이 생기고 있고, 폭격으로 대부분 국토가 오염되어 농사도 짓지 못하게 되었어. 그 때문에 나라는 가난에서 벗어나지 못하고 있는 거지.

쌤에게

세상 모든 무기를
녹이는 날이 오면

　오늘 아침, 아빠는 불편한 다리로 분주하게 돌아다니면서 무언가를 열심히 만드셨어요. 포탄 껍질을 이용해 탁자를 만든 거예요. 다른 나라 아이들은 상상도 못하겠죠?

　내 친구 띵의 아버지는 포탄 껍질로 배를 만들어서 관광객들에게 구경시켜 주시기도 해요. 옆집 할머니는 포탄 껍질에 채소를 심으시고요.

　전에는 마을에 포탄 껍질이 많으니까 그걸로 뭘 만드는 게 특별해 보이지 않았어요. 아빠가 불발탄을 만지다가 다친 것도 운이 나빠 그랬다고만 생각했어요. 그런데 쌤의 편지를 읽고 이 모든 일이 '전쟁의 후유증'이라는 것을 알게 되었어요. 전쟁은 수십 년 전에 일어난 일이라 나와 상관없는 일이라고 여겼는데, 그게 아니었어요.

　우리 선생님께 여쭈어 보았죠. 선생님은 베트남전쟁으로 인해 라오스 사람들이 겪은 전쟁의 후유증에 대해 조목조목 말씀해 주었어요. 라오스 사람들은 난민이 되어 주변 나라에 피신을 해야 했대요. 쌤 말씀처럼 전쟁 중 사용된 포탄으로 국토 대부분이 오염되어 농사를 지을 수 없는 것은 물론, 도로, 다리, 병원, 학교와 같은 기본 시설들이 파괴되었대요. 이 때문에 우리나라가 더더욱 가난에서 벗어나지 못하고 있다고 하셨어요.

선생님 말씀을 들으니 전쟁의 후유증은 제가 생각한 것보다 훨씬 심각했어요.

얼마 전 러시아가 우크라이나를 공격해 전쟁이 일어났다는 이야기를 들었어요. 이란과 이스라엘의 전쟁에 관한 소식도요. 전쟁은 모두를 죽이는 일인데, 전쟁은 왜 끊임없이 일어날까요?

저는 만약 어른이 된다면 모든 무기를 녹여 농기구를 만드는 일을 할 거예요. 그럼 전쟁이 없어지겠지요?

부아반에게

마음껏 꿈을
펼치는 세상

부아반!

얼마 전에 코이카^{KOICA, 한국국제협력단. 외교부에 속한 기구로 경제적으로 어려운 나라들을 돕는다} 일로 베트남에 다녀왔단다. 베트남에 가니 라오스 생각이 절로 났어. 미국에서 NGO 활동을 할 때 삼누아를 비롯해 산속 마을을 다녀왔거든. 그때 봤던 삼누아의 풍경이 아직도 생생하구나! 그때 만난 삼누아 사람들이 잘 지내고 있는지도 궁금하고.

처음 그곳으로 갈 때 겪은 일이 엊그제 일처럼 또렷하게 떠오르네. 삼누아는 라오스의 수도 비엔티안에서 버스로 15시간이나 걸리는 오지 마을이야. 그래서 비엔티안에서 삼누아까지 가는 일이 보통일이 아니었어. 시간도 시간이지만 도로가 제대로 나 있지 않은 험한 산길로 버스를 타고 간다는 게 너무도 위험했거든.

고심 끝에 경비행기를 타고 가기로 했는데, 비용이 너무 많이 드는 거야. 한푼이라도 아껴서 한 사람이라도 더 도와야 하는 입장에서 비싼 경비행기를 덥석 탈 수는 없었어. 결국 함께 타고 갈 사람들을 구했고, 겨우겨우 사람들을 채울 수 있었단다. 가축을 사 가지고 농촌 마을로 돌아가는 농부들이 대부분이었어.

푸아아앙!

덜덜거리던 프로펠러가 힘차게 돌아가면서 비행기가 마침내 날아올랐어. 프로펠러 소리에 놀랐는지 비행기에 태운 가축들이 요란하게 울기 시작했어. 새끼 돼지가 꽥꽥거리고, 닭은 꼬꼬댁 울며 푸드득푸드득 날개를 털었어. 이에 질세라 새끼 염소도 연신 매애매애 소리를 질러 댔지.

코를 찌르는 냄새에다 비행기가 조금만 기우뚱해도 큰 소리로 울어 대는 가축들 때문에 정신이 하나도 없었어. 영화의 한 장면이 아니라 현실이라니! 괜히 쿡쿡 웃음이 나더라. 행여 사고라도 나면 어떡하나 걱정도 했지만 말이야.

어서 이 영화 같은 순간이 끝나기만을 기다리며 비행기 창 아래로 눈을 돌렸어. 초록색 카펫처럼 펼쳐진 밀림이 눈에 들어왔어. 사이사이에는 메콩강 물결이 햇빛을 받아 반짝이고 있었고. 정말 아름다웠어. 멀리서 보면 모든 것이 아름다워 보인다는 말이 딱 맞았어. 보이는 만큼 실제로 아름다우면 얼마나 좋을까?

하지만 막상 가까이 가서 보면 사정이 다르다는 걸 알게 되지. 험

한 산악 지대와 거친 강 물살 때문에 고립된 채 살아야 하고, 홍수와 가뭄 등 자연재해로 종종 위험해지는 곳이지. 그런 생각을 하자 라오스 사람들을 도와야겠다는 사명감이 솟구쳤어.

드디어 활주로 같은 것이 보였어. 넓다란 벌판에 빨간 삼각형 깃발이 펄럭이고 있었거든. 그런데 비행기가 벌판 가까이 내려가는가 싶더니 다다다 소리를 내며 뱅뱅 돌기만 할 뿐 착륙을 못하는 거야. 고된 비행 끝에 이제야 내리겠거니 안도했는데, 내리지 못하고 있으니 초조해졌어.

"왜 착륙을 안 해요?"

"날씨도 좋지 않고……."

그러면서 조종사가 턱으로 아래를 가리켰어. 아래를 내려다보니 소 떼가 비행기 소리에 놀랐는지 사방팔방으로 뛰어 달아나고 있었어.

부아반, 상상이 가니? 그때 당황한 내 얼굴이?

결국 비행기는 소 떼가 지나간 뒤 간신히 착륙했단다.

삼누아도 네가 사는 마을처럼 호찌민 루트가 지나는 곳이었단다. 그래서 피해가 심했지. 삼누아는 첩첩이 둘러싸인 산과 큰 강에 가로막혀서 교통이 불편했어. 그 때문에 삼누아 사람들은 빈곤하게 살았는데, 전쟁으로 인해 생활이 더욱 힘들어졌단다. 내가 속한 NGO

에서는 삼누아에 학교와 병원을 짓기로 했어. 인간답게 살아가는 데 가장 먼저 필요한 것이 교육과 의료거든.

산으로 둘러싸인 삼누아는 논과 밭 대부분이 산비탈에 있었어. 우기_{일 년 중 비가 많이 오는 시기}와 건기_{비가 내리지 않아 기후가 건조한 시기} 때 홍수와 가뭄으로 피해를 보는 경우가 많았지. 그래서 우리 단체에서는 작은 댐을 건설했어. 버려져 있던 땅에 농사를 짓게 하려고 말이야.

3년 후, 다시 라오스에 갔어. 농사를 잘 짓고 있는지, 그래서 생활이 더 나아졌는지 알아보기 위해서였어. 그런데 이상했어. 댐 덕분에 농사를 지을 수 있는 땅이 굉장히 많아졌는데도 농사를 짓지 않는 거야.

"아니, 저 땅을 두고 왜 농사를 짓지 않아요?"

그러자 주민들이 뜻밖의 말을 했어. 첫해에는 농사를 많이 지어 수확물이 늘어나 대나무로 창고도 지었대. 그랬더니 쥐들이 들끓기 시작했고, 대나무 창고에 보관한 쌀은 다 썩어 버렸다고 해.

"왜 내다 팔지 않았어요? 내다 팔면 보관하지 않아도 되고 돈도 생기니까 생활도 나아지잖아요."

그랬더니 돌아오는 답은 의외였어.

"여기에서 시장까지 너무 멀어요. 길이 없어서 배를 타고 가야 하는데 비용도 만만치 않고 또 얼마나 힘든데요. 그래서 우리가 먹을 만큼만 농사를 짓기로 했어요."

그들을 돕고자 했지만 결국 아무 도움이 되지 못했단다. 농사를 지으면서 좀 더 윤택하게 살길 바랐는데 우리만의 생각이었던 거야.

그때 남을 돕는다는 것에 대해 다시 생각했어. 그들이 진짜 원하는 것이 무엇인지, 정말 필요한 것이 무엇인지 생각하고 도와야 한다고. 아무리 좋은 뜻이라도 상대방의 상황이나 의견을 제대로 알지 못하면 오히려 폐가 될 수 있다는 것을 깨달았어.

지금 난 코이카에서 과거 NGO 단체에서 하던 일들과 비슷한 일을 하고 있어. 라오스도 내가 처음 갔을 때와는 비교가 안 되게 발전했더구나. 기분이 매우 좋았어. 물론 아직도 학교와 병원이 부족하긴 하지만, 세상 사람들의 평화와 안녕을 바라는 마음들이 모이면 좀 더 좋아질 거라고 믿어.

부아반!

학교 선생님이 네가 전통춤에 특별한 재능이 있다고 하시더라. 덕분에 장학금을 받고 유학도 가게 되었다니, 너무나 기쁘구나! 모든 아이들이 너처럼 꿈을 마음껏 펼치는 세상이 오면 얼마나 좋을까? 그렇게 되려면 우리 어른들이 더 노력해야겠지?

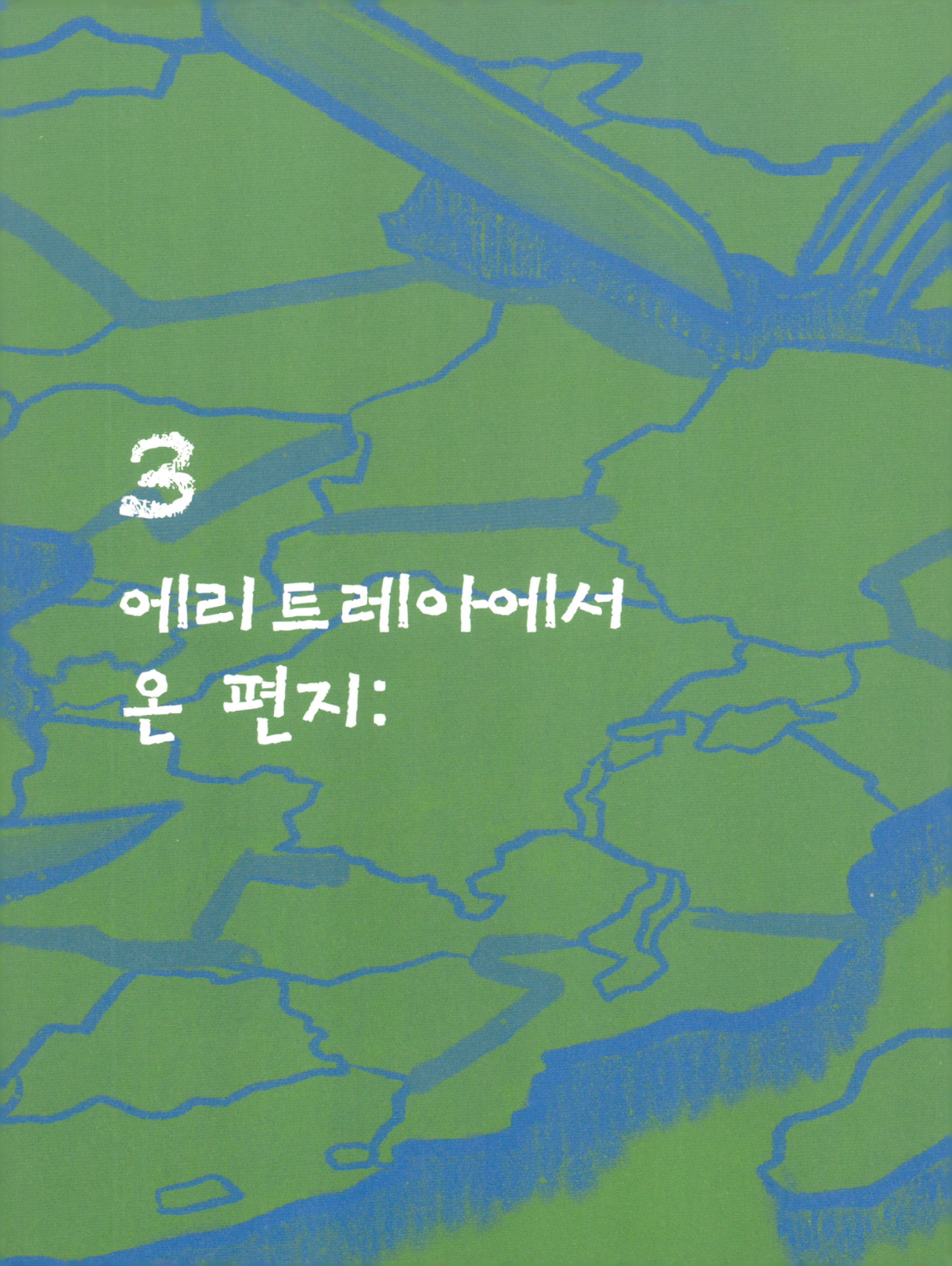

3

에리트레아에서 온 편지:

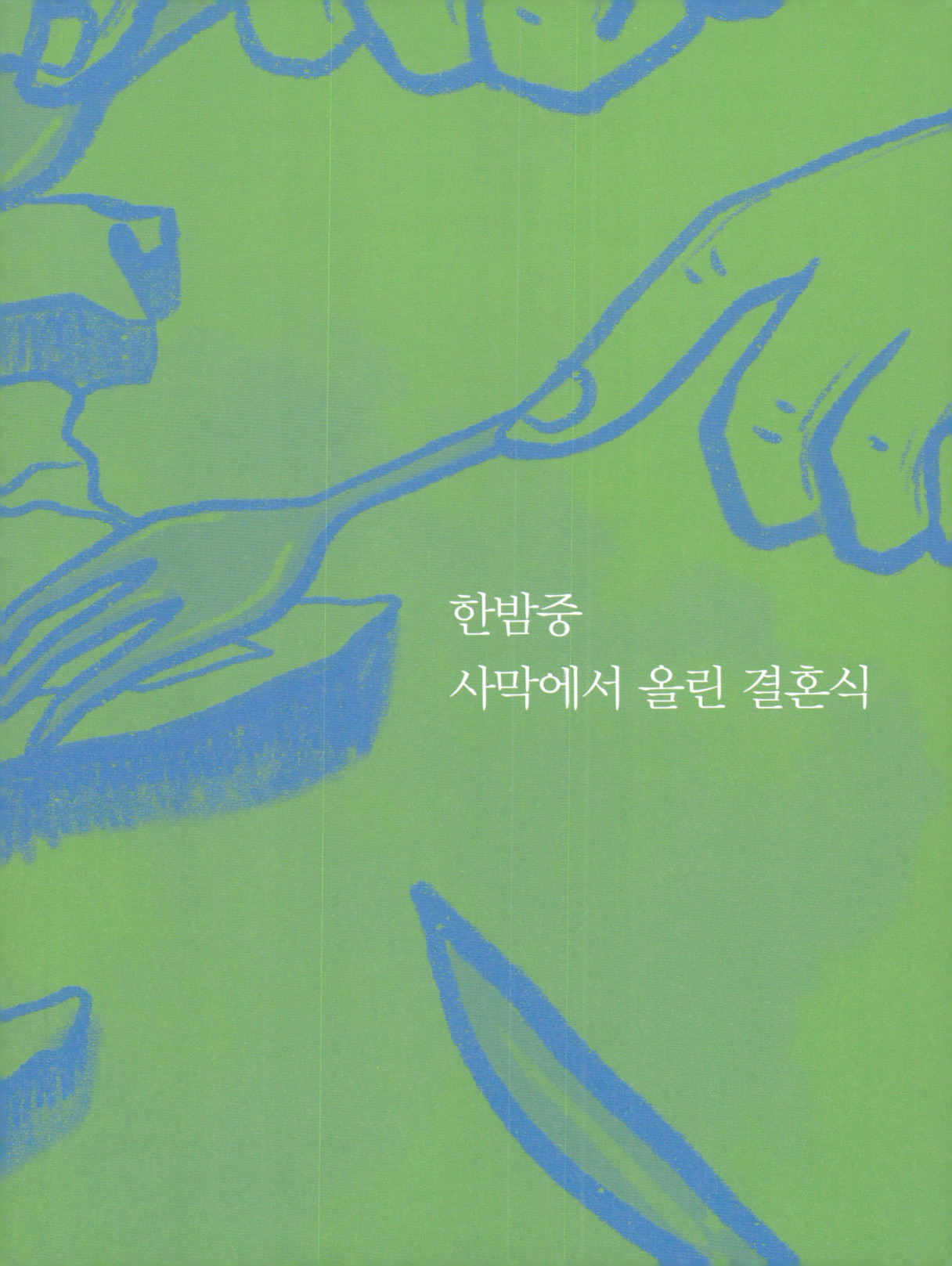

한밤중
사막에서 올린 결혼식

에리트레아는
어떤 나라일까?

아프리카 지도를 보면 북동부에 코뿔소 뿔처럼 인도양 쪽으로 툭 튀어나온 곳이 있습니다. '아프리카의 뿔'이라고 불리는 곳이에요. 이곳에 약 50여 소수민족이 10여 개의 나라를 이루고 있지요. 에리트레아는 그중 한 나라입니다.

고대 악숨 왕국의 주요 항구가 있던 지역에 세워진 에리트레아는 950년경에는 에티오피아 제국과 연합을 이룬 자치국이었다가 16세기에는 오스만 제국의 지배를 받았어요.

17세기부터 19세기에는 에리트레아의 통치권을 두고 에티오피아 제국, 오스만 제국, 티그라이 왕국, 이집트, 이탈리아가 다퉜고, 결국 1890년에 이탈리아가 이곳을 차지하고 식민 지배에 들어갑니다. 이탈리아는 에티오피아를 침략하기 위한 기지로 이웃하고 있는 에리트레아를 이용했습니다. 이 때문에 에리트레아와 에티오피아의 사이가 나빠집니다.

이후 에리트레아는 1941년부터는 영국의 지배를 받았고, 1952년 경 에티오피아에 속한 하나의 주가 되었다가 1962년에는 에티오피아에 합병됩니다.

1991년 에리트레아는 에티오피아로부터 독립을 선언하고, 에티오피아와 전쟁 끝에 1993년 5월 독립 국가로 우뚝 섭니다. 하지만 이후 독재 정권이 들어서 지금까지 이어지고 있습니다.

쌤에게

저도 비니암처럼 우뚝 설 거예요

쌤!

어제 낮 우리나라에서 잔치가 벌어졌어요. 수많은 사람들이 거리로 몰려나와 "비니! 비니!" 하고 외쳤어요.

비니는 '비니암 기르마이'의 애칭이에요. 비니암! 저와 이름이 같지요. 저는 그 사실이 너무도 자랑스러워요.

도대체 누구길래 호들갑이냐구요? 올해 '지로 디탈리아'에서 우승한 사이클 선수예요. 지로 디탈리아는 100년도 넘는 역사를 지닌 세계 사이클 대회예요. 이 대회에서 아프리카 사람이 우승한 건 처음이에요!

잘 아시겠지만 에리트레아는 작은 나라예요. 올림픽이나 월드컵과 같은 세계적인 스포츠 대회는 큰 나라들의 잔치일 뿐 우리와는 아무 상관이 없는 일이었어요!

사실 그런 스포츠 대회가 있다는 사실도 모르는 사람들이 많아요.

다예 관심도 없죠. 저는 아빠가 방송국 기자였기 때문에 알게 되었어요. 지금은 아니지만요. 쫓겨났거든요.

아무튼 이런 나라에서 비니암이 세계 사이클 대회에 나가 우승을 했으니 온 나라가 들썩인 것은 당연한 일이지요. 비니는 제게, 아니 우리나라 사람들에게 영웅이에요.

"엄마 아빠, 제 이름도 비니암이잖아요. 저도 비니처럼 되고 싶어요."

그날 저녁을 먹으면서 말했어요.

"그렇게 되면야 좋지!"

엄마는 부드럽게 미소를 지었어요. 하지만 아빠는 아무런 말씀이 없으셨어요. 아빠는 늘 화난 것 같은 표정이에요. 어쩌면 슬픈 표정 같기도 해요.

아빠는 젊었을 때 우리나라 해방을 위해 싸운 투사예요. 엄마도 함께요. 엄마 아빠가 겨우 스무 살이 넘었을 때, 나라의 독립을 위해 전쟁터로 나가야 했대요. 우리나라가 에티오피아의 지배를 받고 있었기 때문에요.

"달이 환하게 뜬 밤 우린 사막에서 결혼했단다."

가족 이야기를 조사하는 숙제를 하면서 처음으로 엄마 아빠의 이야기를 들었어요.

"왜요? 왜 하필 밤에 사막에서 했어요?"

"전쟁 중이었거든."

엄마는 담담하게 말했어요.

"전쟁 중인데 결혼식을 올렸다고요?"

"그렇단다! 다음 날 우린 전쟁터에 나가야 했어. 혹시 전쟁터에서 싸우다 죽으면 영영 못 만날 수도 있잖니? 그래서 결혼식을 올렸지. 전쟁터에서 잘못되더라도 우리의 사랑은 변치 않을 거라고 생각했거든."

엄마의 이야기를 듣는데 가슴이 뭉클했어요. 두 분의 사랑과 용기 덕분에 형과 제가 태어난 거잖아요.

그 이튿날 두 분은 전쟁터에 나갔고, 몇 번의 전투 끝에 우리나라는 에티오피아에 승리를 했대요. 그리고 독립했어요. 아빠는 전쟁 후 대학도 갔고, 방송국 기자가 되었어요. 독립운동을 이끌었던 이사이아스 아페워르키가 대통령이 되었구요. 아빠는 함께 독립운동을 한 그가 우리나라를 잘 이끌어 줄 줄 알았대요. 하지만 독재자가 되었어요. 우리나라가 독립한 후 30년 가까이 대통령 자리에 있으면서 국민을 탄압하고 있어요.

아빠가 방송국에서 쫓겨난 건 이 대통령 때문이에요. 독재 정부를

응호하는 기사를 쓰라고 지시했는데 아빠가 거부했거든요.

　그 뒤로 우리 가족은 매우 힘들게 생활하고 있어요. 언제나 감시를 당하고, 여행이라도 가려고 하면 꼬치꼬치 캐묻고 허락도 안 해 줘요.

　그래서 아빠는 세상에 늘 화가 나 있어요. 형과 저에게는 결코 화내지 않지만요. 사실은 화났다기보다 슬픔 때문이란 걸 저는 알아요. 엄마는 겉으로는 화난 표정을 짓지 않아요. 아마 우리 가족을 지키기 위해서일 거예요.

　아빠는 한때 우리나라를 떠나 다른 나라로 가고 싶었대요. 하지만 차마 조국을 버릴 수는 없었대요. 또 아빠가 기자였다는 사실 때문에 그럴 수도 없었고요.

　쌤!
　어제는 비니암 때문에 모처럼 우리 기분이 나아졌어요. 저도 비니암처럼 자기 분야에서 우뚝 선 사람이 되고 싶어요. 뭘 할지는 아직 정하진 않았지만요.

비니암에게

어떤 폭력도 전쟁도 정당화될 수는 없다

아아, 이게 꿈일까? 혹은 영화일까?

비니암, 네가 그 두 사람의 아들이라니! 너무도 놀랍고 신기해서 지금 난 기절할 정도란다.

이게 무슨 소리냐고? 내 이야기 좀 들어봐! 아마 너도 깜놀할걸! 한국 아이들은 깜짝 놀랐다는 걸 줄여서 '깜놀'이라고 한단다.

너희 부모님이 달밤에 사막에서 결혼식을 올리던 그 자리에 바로 내가 있었어! 믿어지니?

지금도 결혼식 풍경이 생생하게 떠올라. 전쟁 중이라 많은 사람이 모일 수는 없었지만, 두 사람의 결혼식은 축복 속에 진행되었어. 흰 천을 머리에 두른 사람들이 환한 달빛이 비추는 바위 사막에 빙 둘러앉았어. 신랑 신부는 그 가운데 서서 서약을 했지. 결혼식을 위해 미리 준비를 했는지 간단한 음식과 함께 집에서 빚은 술도 있었단다. 서약이 끝나자 함께 음식을 나누어 먹으며 노래도 불렀지. 여성

들이 높고 맑은 소리로 "울루레이션_{기쁨을 표현하는 소리}"을 하자 모두들 리듬에 맞춰 박수를 쳤어. 알고 보니 동아프리카 결혼식에서 흔히 볼 수 있는 풍경이더라.

지금도 여성들의 울루레이션이 귓가를 맴도는 듯해. 사막이라 그런지 달빛이 유난히 밝았고 축하 노래는 밤이 깊도록 이어졌어. 여성들이 울루레이션을 할 때 난 마음속으로 기도했어. 이들이 부디 살아남아서 해방된 조국에서 백년해로 하기를!

그런데 그 두 사람이 비니암의 부모님이라니! 내 기도가 하늘에 닿았다고 생각하니 너무나 기쁘구나.

그때를 떠올리며 편지를 쓰다 보니, 놀라는 너의 표정이 눈에 선하다. 네 엄마 아빠의 얼굴도! 내가 어떻게 그곳에 있었냐고? 내가 그곳에 간 건 전쟁으로 인해 난민이 된 사람들을 돕기 위해서였어..

평화로웠던 아프리카가 전쟁터가 된 건 서양 제국주의의 식민 지배 때문이란다. 프랑스, 벨기에, 네덜란드, 영국 등 거의 모든 나라들이 아프리카로 몰려들었어. 아프리카는 수많은 부족들이 각자 자신들의 문화와 생활 방식을 지키며 살아가고 있었지. 그런데 서양의 제국주의 국가들이 다투어 아프리카를 차지하면서 자기들 멋대로 국경선을 그었어. 국경선이라는 것은 강이나 산을 따라 부족과 민족 등을 구분하면서 자연스럽게 형성되는 것인데, 제국들은 그러지 않았어. 드넓은 아프리카가 마치 비어 있는 땅인 양 직선으로 쭉쭉 국경선을 긋고는 입맛대로 나누어 가졌지.

그 결과 아프리카는 서로 다른 부족이 섞이기도 하고, 같은 부족이 다른 나라로 갈라지기도 했어. 제국주의 국가들이 식민 정책을 포기하고 물러난 지금까지도 아프리카에서는 많은 전쟁이 벌어지고

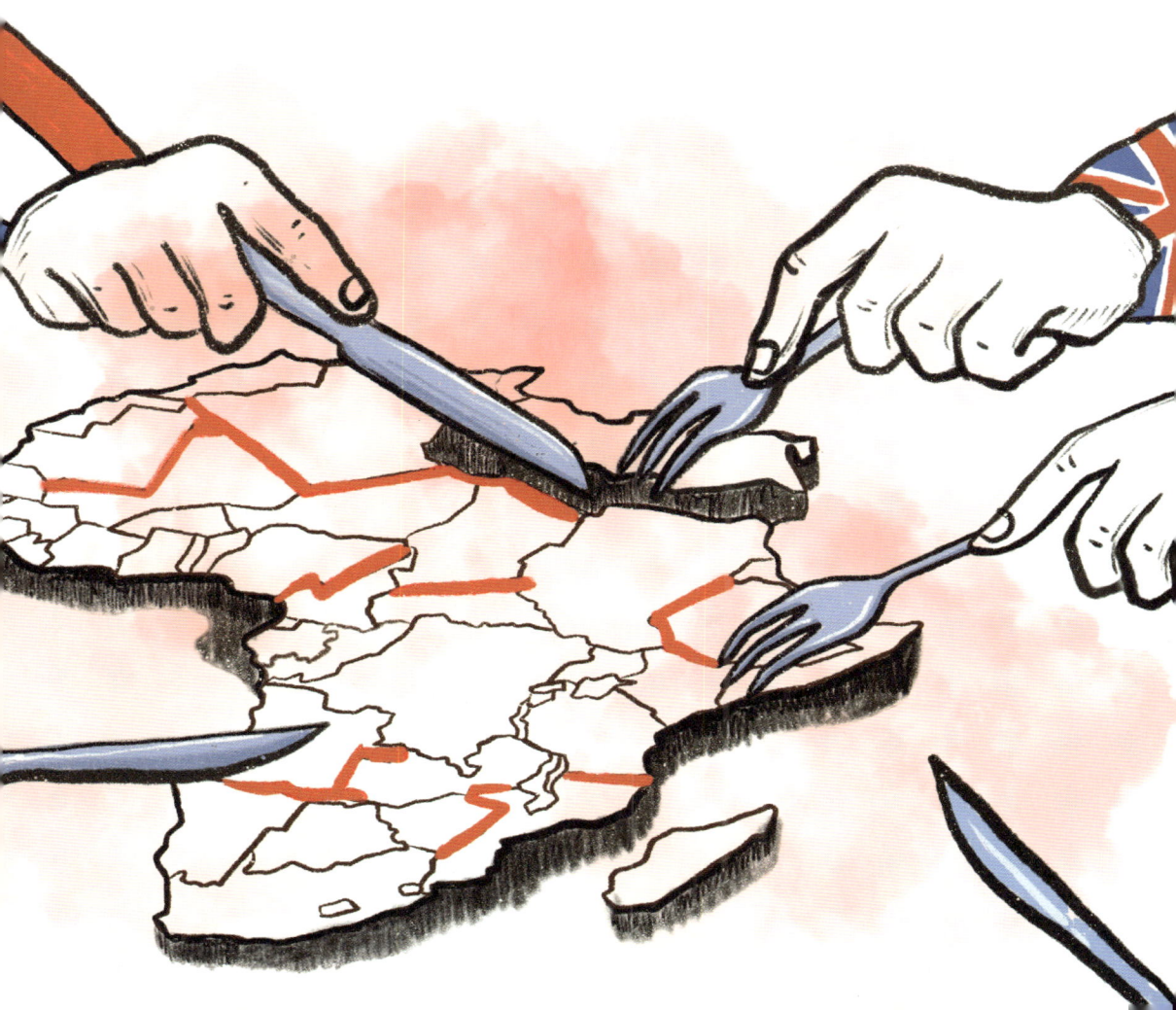

있는데, 그런 전쟁의 대부분이 이 때문이란다. 르완다의 후투족과 투치족이 분쟁한 것도 그렇고, 소말리아 내전도 이런 서양 국가들의 제국주의 정책이 원인이 되었지.

에리트레아와 에티오피아 사이의 전쟁 또한 마찬가지란다. 두 나라는 지리적으로 매우 가깝기 때문에 역사와 문화가 서로 깊게 연관되어 있어. 어떤 때는 하나의 왕국이었다가 또 어떤 때는 독립 국가로 존재하기도 했지. 그러다가 유럽의 강대국들에 의해 식민 지배를 받았고, 그 결과 에리트레아와 에티오피아는 전쟁을 하게 된 거지.

1890년 이탈리아는 에리트레아를 점령한 후 에티오피아마저 정복하려고 했어. 하지만 완전히 정복하지는 못했고 그 와중에 에리트레아가 영국의 손에 넘어갔지. 그러다 영국이 에리트레아로부터 손을 떼자 에티오피아가 에리트레아를 점령해 버렸어. 에리트레아 사람들은 그때부터 30년간 독립 전쟁을 벌이게 된 거야.

당시 나는 인도적 지원 단체에서 일을 하고 있었단다. 그래서 너희 나라에 갔지.

처음 에리트레아 땅을 밟았던 날을 잊지 못한단다. 마사와 항구에 도착하자 매캐한 화약 냄새가 코를 찌르더구나. 곧이어 눈앞에 펼쳐진 광경에 나도 모르게 비명을 지르고 말았단다. 폭격을 맞아 파괴된 집과 건물들, 산처럼 쌓인 시체들, 여기저기 흩어져 있는 팔다리들, 움푹 패인 채 연기가 피어 오르던 도로…….

그날은 두 나라 사이에 공습이 있었던 다음 날이었던 거야. 그 공습으로 만 명 넘게 목숨을 잃었어. 현장은 수많은 시체가 널브러져 참혹했고, 그것을 미처 처리하지 못해 그 자리에서 화장을 하고 있었는데 그 냄새가 코를 찔렀어. 죽음의 냄새에 심한 어지러움과 구역질을 느꼈고, 곧 쓰러질 것 같았단다.

마중 나온 사람들의 도움으로 겨우 숙소를 찾아갔어. 하지만 숙소도 전쟁터나 다름없었어. 피가 묻은 칼이 널브러져 있고, 벽지에는 핏자국이 흥건했어. 이 집에서도 죽고 죽이는 전쟁이 있었던 거야. 너무나 끔찍해서 벗어나고 싶었지만, 그 집에서 지낼 수밖에 없었어. 바깥은 아직도 전쟁 중이었고, 달리 잠잘 만한 곳도 없었거든. 밤새 공포와 불안에 떨어야 했단다.

'과연 정당한 전쟁이 있을까? 이곳에서 죽은 사람들에게도 엄마와 아버지가 있을 것이고 형제자매도 있을 거야. 어쩌면 자식도 있을지 모르지. 저 사람들도 누군가의 소중한 자식이고, 부모일 텐데 전쟁터에서 죽어 팔다리가 떨어져 나간 채 불에 타 버리다니, 이 마지막 순간을 그들의 가족이 안다면 얼마나 가슴 아플까?'

이런저런 생각에 그날 밤 잠을 이루지 못했단다. 휴머니즘이라는 말이 떠올랐어. '인간다움'과 '인간'을 존중하는 정신을 말하지. 이

휴머니즘을 항상 마음속에 품고 있다면 폭력 같은 건 발 붙일 수 없을 텐데. 국가나 문화, 인종의 경계를 벗어나 우리 모두가 존중받아야 할 사람이라고 생각한다면 말이야.

인류 역사가 시작된 이래 지구상에는 수많은 전쟁이 벌어졌지. 어떤 사람들은 전쟁이 인류의 역사를 발전시켰다고 말하기도 해. 그렇지만 그 많은 희생을 치른 발전이 얼마만큼 의미가 있는 것일까? 그리고 그것이 옳은 것일까? 에리트레아 사람들은 지금 독립을 위해 에티오피아와 싸우고 있지만, 에리트레아 사람뿐 아니라 에티오피아 사람들도 많이 희생되었을 거야. 그중에는 어린아이도 있을 거고.

"맞아, 그런 점에서 어떤 폭력도 전쟁도 정당화될 수 없어!"

그런 생각이 마음속 깊이 새겨졌어.

다음 날 난, 에리트레아 독립을 위해 싸우는 전사들을 만나러 갔어. 내가 맡은 임무를 해야 하니까. 날 안내해 주던 사람이 사막으로 데리고 가더구나. 그곳에서 너의 엄마 아빠의 결혼식을 보았단다.

네 엄마와 아빠는 날이 밝으면 전쟁터로 나가야 했단다. 그런데도 결혼식을 올리고 있었어. 어쩌면 내일 죽을지도 모르는데 말이야.

두 사람을 보면서 마음이 너무 아프더구나. 그런데 다른 한편으로 이들은 지금 얼마나 행복할까 하는 생각이 들기도 했어.

내일 지구가 멸망해도 오늘 한 그루의 망고나무를 심는 사람이 있는가 하면 내일 멸망하는 데 망고나무는 심어서 뭐해 하고 포기하는 사람이 있지. 마찬가지로 내일 전쟁터에서 죽는다고 해도 마지막 순간까지 사랑하는 이와 함께 무언가를 하는 사람이 있고, 무서워서 도망가는 사람도 있겠지. 어떤 선택을 하든 그건 각자의 몫이야. 삶은 선택의 연속이란다. 어느 것이 잘한 선택이고 어느 것이 잘못된 선택이라고 할 수 없어. 자신이 선택한 길을 열심히 가다 보면 또 다른 선택의 기회가 오지. 다만 어떤 선택을 하게 될 때 선택의 폭이 넓다면 더욱 좋겠지. 네 엄마와 아빠는 비록 내일 죽게 되더라도 사랑하는 이와 함께하고 싶어서 결혼을 했던 거야. 두 사람으로서는 그게 최고의 선택 아니었을까?

종종 그날 그 전쟁터에서 결혼식을 올린 두 사람을 생각했어. 그들은 전쟁에서 살아남았을까? 살아남았다면 잘 살고 있을까? 그런데 두 사람이 살아 있다니, 게다가 네 엄마와 아빠라니 너무나 신기하고 기쁘고 감사하구나.

슬프고 화나는 소식도 있구나. 네 나라 대통령이 한때 독립을 위해 투쟁했지만 세계적으로 악명 높은 독재자가 되었다니. 함께 독립을 위해 싸운 동지들마저 탄압하다니! 너무나 화가 났단다. 네 엄마와 아빠도 나와 같은 심정일 거야.

비니암, 하루빨리 에리트레아가 민주화되기를 간절히 바랄게. 너와 네 친구들이 폭력 없는 세상에서 사는 모습을 보고 싶구나.

쌤에게

오랜만에 아빠가
활짝 웃었어요

쌤!

엄마 아빠에게 쌤의 이야기를 들려 드렸더니, 너무나 놀라셨어요. 쌤처럼 이게 꿈이냐 생시냐 하시더라구요.

아빠는 오랜만에 활짝 웃었어요. 사막에서 결혼할 때 생각이 나셨는지, 쌤 편지를 받은 날 저녁은 온통 엄마 아빠 결혼식 이야기로 꽃을 피웠어요.

모처럼 즐거운 시간이었지만 한편으로는 마음이 무겁기도 했어요. 쌤이 편지에서 어떤 전쟁도 정당화될 수 없다고 하셨잖아요. 그 문제에 대해 엄마 아빠와 이야기를 나누었어요.

사실 엄마는 평생 그 문제가 가슴을 짓눌렀대요. 특히 형과 저를 낳고는 더 그랬대요.

"맞아. 적이든 아니든 그 또한 누군가의 자식이잖아. 그에게도 부모님이 있을 거고. 그 자식이 전쟁에서 누군가에 의해 죽임을 당했을 때 부모의 마음은 얼마나 아팠을까?"

"하지만 엄마 아빠는 우리나라의 독립을 위해 싸운 거잖아요. 그럼 그게 자랑스럽지 않아요?"

저는 좀 이해가 되지 않았어요.

"엄마 아빠가 싸우고 싶어서 싸운 게 아니잖아요. 죽을지도 모르는데 에티오피아의 지배에서 벗어나기 위해 싸운 거잖아요. 그건 분명 옳은 일이라고 생각해요. 아빠의 사진첩에서 해방의 기쁨을 나누는 사람들 모습을 본 적 있어요. 사람들이 거리로 나와 나뭇가지를 흔들며 눈물 흘리며 웃는 사진요. 저는 그 사진을 보고 엄마 아빠가

더욱 자랑스러웠어요."

잠자코 듣고만 있던 아빠가 말했어요.

"비니암, 네 말대로 전쟁은 우리가 원해서 한 것은 아니었어. 우리나라의 독립을 위해 싸울 수밖에 없었지. 하지만 누군가에게 총을 겨누었고, 그 때문에 분명 누군가는 다치고 목숨을 잃었어. 그 사실에 대해 엄마 아빠는 평생 죄의식과 상처를 갖고 살고 있단다."

아빠의 이야기를 듣고 그날 밤은 잠이 오지 않았어요. 하지만 쌤의 편지를 다시 읽어 보고, 전쟁에서 죽은 형이랑 누나들과 그 부모님들 입장에서 생각해 보았어요. 만일 제가 전쟁터에서 죽는다면 우리 가족들은 얼마나 슬플까요? 그 생각을 하자 적이든 아니든 누군가가 그런 죽음을 맞으면 안 되겠다 싶었어요. 정말 모두에게 옳은 전쟁은 없는 것 같아요.

엄마 아빠 말로는 지금 우리나라는 독립 전쟁 때의 어려움과는 비교도 안 될 정도로 힘들대요. 많은 사람들이 감시당하고, 끌려가고 고문을 당하고 있어요. 아빠도 늘 감시 속에서 지내고 있지요. 아빠의 친구는 다른 나라로 탈출했어요. 그 친구가 아빠에게 함께 가자고 했는데 아빠는 "어떻게 지킨 조국인데……." 하며 거절했대요.

쌤, 우리나라에도 자유롭고 평화로운 날이 올까요?

비니암에게

멈추지 않고
꺾이지 않는다면

    비니암, 네 편지를 읽으며 눈물이 났단다. 난 사람이 가장 아름다운 순간은 사람을 이해하고 사랑할 때라고 생각해. 바로 그때가 전쟁 대신 평화를 맞는 순간이겠지.

    너와 네 엄마 아빠가 나눈 이야기, 곧 다른 사람의 입장에서 생각해 보는 건 우리 모두를 평화로 이끄는 소중한 순간이지.

    눈물이 난 또 다른 이유는 에리트레아의 독재 상황이 너무나 가슴 아파서야. 독재는 전쟁만큼이나 나쁘단다.

    한국도 군인들이 쿠데타를 일으켜 독재 정치를 하는 바람에 매우 고통스럽게 지낸 시간이 있단다. 많은 사람들이 독재에 항거하다가 감옥에 가고 죽임을 당했어. 그중 하나가 1980년 5·18광주민주화항쟁이야. 당시 한국의 광주라는 도시의 사람들 수백 명이 죽고 다치고, 행방불명되었지. 하지만 그 독재 정권은 오래가지 못했어. 광주의 비극을 지켜본 많은 사람들이 독재 정권의 폭력에 저항하기 시작했고, 인권과 민주화를 위해 일하는 세계의 단체들도 한국의 민주화를 돕기 위해 나섰단다. 그리고 마침내 민주화를 이루었어. 꺾이지 않고, 멈추지 않는 민주화에 대한 열망이 거대한 물줄기를 이뤄 독재 세력을 물러나게 한 거지.

독재 정권은 항상 자신들의 권력을 지키기 위해 폭력이라는 수단을 써. 억압하고, 감시하고, 심지어 목숨까지 빼앗고······.

지금 세계는 에리트레아의 문제를 심각하게 보고 있어. 많은 나라들이 에리트레아 독재 정권과 교류를 하지 않는 등 압력을 넣고 있단다.

멈추지 않고 꺾이지 않는다면, 에리트레아도 분명 민주화를 이룰 수 있을 거야. 그때까지 희망을 잃지 않길 바랄게.

쌤에게

먼저 제 할 일을
잘 하는 것부터

쌤 편지를 읽고 엄마, 아빠, 형과 함께 감사의 기도를 올렸어요. 쌤의 말대로 멈추지 않고 꺾이지 않는다면 우리나라도 민주화를 이룰 수 있다는 희망을 가졌어요.

쌤, 저는 비니암이 되기로 했어요. 사이클 선수 비니암이 아닌 저 자신이 된다는 뜻이에요. 비니암처럼 세계적으로 유명해지고 싶었는데, 그러려면 먼저 제 일을 잘 해내야 한대요.

"비니처럼 유명해지면 뭐 할 거니?"

엄마가 물었어요.

"그럼 이탈리아나 프랑스 그런 나라에 가서 살고 싶어요. 에리트레아 말고요."

그랬더니 엄마는 고개를 가로저었어요.

"혼자만 잘 살겠다는 거니?"

순간 저는 부끄러웠어요.

"아, 아니에요. 저는……."

뭐라고 말을 해야 하는데 생각이 나지 않았어요.

엄마가 빙그레 웃었어요.

"괜찮아. 아직 너는 어리니까 뭘 할지는 차차 생각해 보렴. 비니암처럼 되려면 먼저 네 자신이 해야 할 일이 무엇인지부터 알아야겠지?"

그래서 저는 곰곰이 생각했어요.

비니암처럼 되려면 먼저 비니암이 되어야겠어요. 바로 저 자신 말이에요.

음, 그리고 요즘 전 역사 공부에 흥미가 생겼어요. 쌤과 편지를 주고받으면서 아프리카에서 발생하는 전쟁과 가난이 식민 지배와 관련이 있다는 사실을 알게 되었어요. 그래서 우리 아프리카 나라들이 서양 제국주의 국가의 식민지가 되었던 역사를 공부해서, 다른 나라를 침략하는 것이 얼마나 큰 폭력인지를 알리고 싶어요.

쌤, 응원해 주실 거죠?

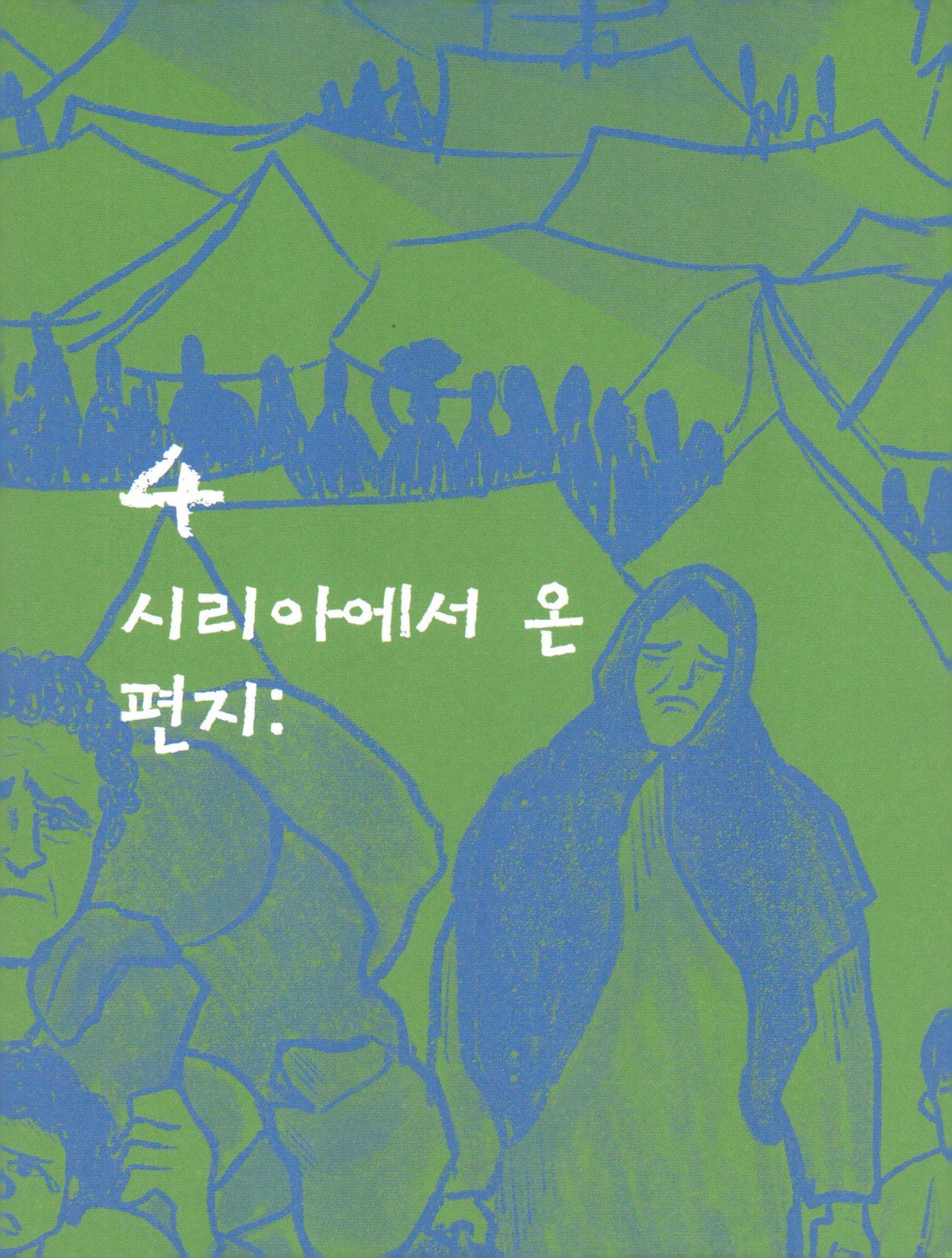

4
시리아에서 온 편지:

시리아는 어떤 나라일까?

시리아는 서아시아 메소포타미아 평야의 유프라테스강 상류에 있는 나라입니다. 1946년 4월 17일 프랑스로부터 독립하면서 국가가 세워졌어요. 하지만 2011년 시작된 내전으로 인해 수많은 난민이 발생했답니다. 난민들은 생존을 위해 이웃 나라인 요르단을 비롯하여 튀르키예, 레바논, 이라크 등으로 탈출해야 했습니다. 수십만 명의 사람들이 북아프리카, 유럽 등으로 건너가기도 했어요. 그 과정에서 많은 사람들이 목숨을 잃었지요. 시리아 내전은 '아랍의 봄'이라고 부르는 민중 봉기에서 비롯되었습니다.

튀니지, 이집트 등 북아프리카와 중동의 나라들에서 민주화 운동

이 일어나자 그 영향을 받은 시리아 사람들도 민주화를 요구하면서 시위를 벌였지요. 하지만 당시 시리아의 독재 정권은 시위대를 향해 총을 쏘고 무자비하게 잡아 가둡니다. 그로 인해 시위대와 정부군 사이에 전쟁이 시작되었지요. 이 전쟁은 종교적 갈등에다 이웃 국가들이 각각 정부군과 반정부군을 돕기 시작하면서 더욱 커져 10여 년 동안 이어졌습니다.

시리아는 2024년 12월 내전 종식 선언을 했습니다. 하지만 여전히 분쟁의 씨앗을 안고 있습니다.

쌤에게

난민 캠프에 사는
나지마 자하라예요

쌤, 안녕하세요?

저는 나지마 자하라예요. '밝게 빛나는 별'이라는 뜻이지요.

원래 이름은 아말이었어요. 아말은 '희망'이라는 뜻이래요. 아빠에게 왜 아말이라고 지었는지 물어봤어요.

"네가 태어나던 해 우리나라에도 비로소 봄이 왔단다. 그래서 그 봄과 함께 온 희망을 품은 아이라는 뜻으로 지었지."

"그 전에는 우리나라에 봄이 오지 않았나요?"

아빠의 말이 잘 이해가 되지 않아 다시 물었어요. 그랬더니 아빠는 나를 앞으로 바짝 끌어당기며 빙그레 웃었어요.

"이를테면 비유를 한 거야. 겨울에는 추워서 모든 생명체들이 마치 죽은 것처럼 보이잖아. 네가 태어나기 전에는 우리 시리아 사람들의 삶은 마치 일 년 내내 겨울을 지내는 것 같았어."

"왜요?"

"독재자가 권력을 가지고 부정부패를 저질러서 자신들만 잘 먹고 잘 살았거든. 우리와 같은 국민은 극심한 가난에 시달렸고. 마치 겨울에 생명이 얼어붙은 것처럼 말이야."

"그런데 아빠가 말한 '봄'은 어떻게 온 거예요?"

"아프리카의 튀니지도 우리나라와 다를 바 없었단다. 독재자의 횡포에 참다 못한 국민들이 독재자에 저항했지. 수많은 사람들이 거리로 몰려나와 시위를 했어. 결국 튀니지는 민주화를 이루었지. 그러자 가까이 있던 이집트, 예멘, 리비아와 같은 나라들에서도 민중들이 들고일어났단다. 세상 사람들은 이것을 '아랍의 봄'이라고 불렀어. 그때 아빠는 우리 시리아에도 어떤 희망이 보이는 것 같았지. 타락한 정권에 맞서 싸우는 민중의 힘을 보았거든. 그럴 때 마침 네가 태어난 거야. 그런데……."

"그런데 우리나라는 왜 이래요?"

내 물음에 아빠의 얼굴은 먹구름이 낀 듯 어두워졌어요.

쌤, 우리나라는 지금 10년도 넘게 전쟁을 하고 있어요. 내전이 일어났거든요. 제가 열한 살이니까 11년째네요. 우리 마을에 폭탄이 떨어진 날, 저는 세 살이었어요.

우리 집 벽이 무너져 내리고, 방안에는 부서진 벽돌 조각들이 널브러져 있어요. 엄마는 나를 안고, 아빠는 오빠의 손을 잡고 서둘러 집을 빠져나와요. 그런데 건너편에 사는 바샤르 할아버지 집에서 음악이 흘러나오고 있어요. 베토벤의 '봄'이라는 음악이에요. 할아버지가 부서진 벽 앞에 우두커니 앉아 음악을 듣고 있어요.

혼자 사는 바샤르 할아버지는 젊을 때 영국에서 공부하고 돌아왔어요. 할아버지는 마을 사람들과는 좀 달랐어요. 보통의 할아버지들은 시리아의 전통 음악을 좋아하는데, 바샤르 할아버지는 베토벤이나 모차르트를 좋아하셨으니까요. 할아버지는 폭격으로 모든 것이 사라진 집에서 유일하게 남은 오디오 앞에 앉아 베토벤 음악을 듣고 있는 거예요. '봄'이라는 음악이 너무 경쾌하고 발랄해서 더 슬퍼요. 할아버지는 절망과 슬픔으로 곧 허물어질 듯 보여요.

아빠가 바샤르 할아버지를 급히 불러요.

"바샤르 아저씨! 어서 나오세요!"

곧 다시 공습이 있을 거라는 경고 방송이 나오고 있지만 할아버지는 꼼짝도 하지 않아요. 그때 폭탄이 터지는 소리가 나요.

저는 이 장면들이 마치 어제 겪은 일처럼 생생해요.

폭탄이 터지는 소리를 뒤로하고 우리는 도망치다시피 마을을 빠

져나왔어요. 밤낮을 걸어 국경을 넘었어요. 우리가 도착한 곳은 요르단이었죠.

세 살이었던 제가 어떻게 이토록 생생하게 기억하냐구요? 사실은 엄마 아빠의 기억이에요. 전 엄마 아빠를 통해 이 이야기를 수도 없이 들었어요. 그러다 보니 어느새 제 기억에도 생생하게 남게 되었지요. 엄마 아빠는 그때 바샤르 할아버지와 함께 못 온 것이 너무나 후회된대요. 저는 할아버지 얼굴도 몰라요. 그냥 엄마 아빠가 들려주는 이야기로만 상상해요. 흰 수염이 길게 자라고 늘 빨간 페스 튀르키예의 전통 모자를 쓰고 있었대요. 영국 유학 시절 즐겨 쓰던 모자였다나 봐요.

바샤르 할아버지가 제 이름을 바꾸어 줬대요. 희망이라는 뜻의 아말도 좋지만, 그건 너무나 간절해서 저한테 부담이 될 수 있다고 하셨대요. 그러면서 할아버지는 나지마 자하라라는 이름을 지어 줬대요. 그런데도 제가 그 할아버지 얼굴도 모른다는 게 슬퍼요.

쌤, 제가 있는 곳을 사람들은 요르단의 자타리 난민 캠프라고 불러요. 저처럼 시리아에서 온 사람들이 모여 사는 곳인데 사막에 지어졌어요. 처음 이곳에 왔을 때는 텐트로 지어져 겨우 잠만 자고 먹을 수 있었대요. 지금은 그나마 벽돌집이라 나은 편이에요. 매우 비좁고, 화장실도 없어요. 그래도 엄마 아빠는 가능한 한 전에 살았던 시리아의 집처럼 꾸미려고 했어요. 바닥에 카펫도 깔고, 작은 탁자도 갖다 놓았어요. 오빠와 제 마음이 춥지 않게 하기 위해서래요.

저는 그래도 마음이 추워요. 뿌옇게 먼지바람이 일어나는 사막에 지어진 회색 벽돌집들을 보면 저절로 움츠러들어요.

아빠가 지어 준 이름처럼 '아말'도 될 수 없고, 바샤르 할아버지가 지어 준 이름처럼 '나지마 자하라'도 될 수 없을 것 같아요.

여긴 희망도 빛도 없는 곳이라는 생각이 들어요. 우린 '난민'일 뿐이니까요. 세상 사람들은 우리들을 고향이나 조국을 버리고 떠도는 사람으로만 보고 있으니까요.

나지마 자하라에게

난민이라는
말 대신

나지마 자하라!

네 이름을 듣고 나서 잊고 있던 별이 생각났어. 어릴 적에는 종종 별을 쳐다보곤 했단다. 별을 보면서 꿈을 키웠고. 그런데 별을 잊고 산 지가 너무도 오래되었더구나.

우리 집 옥상에 올라가 어릴 적 바라보던 카시오페이아와 북두칠성, 북극성을 찾아보았어. 뿌연 밤하늘이었지만 자세히 들여다보니 희미하게 반짝이는 별이 보이더구나.

"나지마 자하라!"

네 이름을 살며시 불러 보았단다. 이름을 부르고 나니 바샤르 할아버지가 왜 너의 이름을 그렇게 지었는지 알 것 같았어. 아마 어느 곳에 있든 주위를 비춰 주는 존재가 되라고 그렇게 지어 주지 않았을까? 어둠 속에서도 빛날 수 있는 존재, 어두울수록 더욱 빛나는 존재. 하늘이 흐려져서 보이지는 않지만, 결코 사라지지 않는 별들처럼 나지마 자하라가 그런 존재가 되길 바라는 마음에서였을 거야.

요르단에 있는 난민 캠프를 방문한 적이 있어. 팔레스타인 사람들이 전쟁을 피해서 온 곳이었어. 네 또래 아이들도 많더구나. 수십 년 전 그 아이들의 어머니와 아버지, 할머니와 할아버지들이 이스라엘과 팔레스타인 전쟁이 일어났을 때 피란온 거였지.

그곳에서 아흐메드라는 아이를 만났어. 그 아이의 눈빛이 지금도 잊히지 않아. 전쟁 중 마을에 폭탄이 떨어진 날 집이 부서지고, 어머니와 아버지가 목숨을 잃었다고 해. 할머니는 아흐메드만은 살려야 한다는 오직 한 생각으로 피란길에 올랐어. 할머니의 주머니에는 매우 소중하게 간직한 것이 하나 있었대. 바로 집 열쇠야. 전쟁이 끝나면 집으로 돌아갈 수 있을 거라 생각했던 거지. 하지만 할머니는 결국 그 소망을 이루지 못했어. 내가 그곳에 갔을 때 할머니는 그 열쇠를 아흐메드에게 주며 눈을 감으셨단다. 아흐메드는 열쇠를 유일한 희망으로 여기며 살아가고 있었어.

요르단은 넉넉하지 않지만 많은 난민들을 받아들이고 있어. 너의 고국인 시리아뿐만 아니라 이스라엘과 수십 년째 치르고 있는 전쟁 때문에 집을 잃은 팔레스타인 사람들도 받아들였단다. 지금 요르단에는 너희 가족과 같은 난민이 130만 명에 이른다고 하더구나.

생존 위기에 몰려 있는 사람들을 도와주는 건 너무도 당연한 일이야. 전 세계가 인도주의적 차원에서 함께 감당해야 할 몫이지. 하지만 많은 나라들이 외면하고 있어. 나라마다 입장이 있겠지만, 난민에 대한 편견도 있는 것 같아.

'난민'이라고 하면 흔히 전쟁, 테러, 가난 등을 떠올린단다. 네 말대로 '난민'들을 고향이나 조국을 버리고 떠도는 사람들로 바라보기도 해. 이것이 차별을 낳기도 하지.

사실 난민들은 전쟁과 테러의 피해자지 가해자가 아니잖아. 가난은 전쟁으로 인해 생긴 거고. 그런데도 사람들은 '난민'에 대한 나쁜 이미지를 갖고 있어. 많은 국가들이 난민 받아들이는 걸 꺼리는 건 이런 이유 때문이야. 그래서 나는 '난민'이라는 말 대신 다른 말을 쓰고 싶어. '박해와 전쟁의 피해자'라고. 그렇게 부르면 그들을 돕고자 하는 마음이 더 들지 않을까?

한국은 1992년 유엔난민협약에 가입했고, 2013년에는 아시아에서 최초로 난민법을 만들었어. 이는 난민을 수용하고 그들의 권리를 인정해 준다는 선언이었지. 하지만 10년 전, 내전으로 고국을 떠난 예멘 사람들이 한국의 제주도로 들어와 난민 신청을 하자 한국에서는 큰 소동이 일었단다. 그들의 입국을 반대하는 사람들과 찬성하는 사람들이 서로 시위를 하며 팽팽히 맞섰어. 이는 한국 사회에 큰 생각거리를 던졌단다. 결국 난민 신청을 한 500여 명 중 단 2명만을 난민으로 인정했어. 나머지는 인도적 차원에서 일시적으로 머무는 것만 허가했지.

그들을 난민으로 인정해 주면 난민법에 의해 한국 국민과 같은 사회보장·기초생활보장을 해 주어야 한단다. 그렇게 되면 한국 사람들이 그 비용을 부담하게 된다는 게 반대 이유였어. 또 인종과 종교가 달라 문화적 갈등이 심해질 것이고 테러 등이 발생해 안전을 위협받을 거라고도 했어. 한 마디로 손해를 본다는 거였지. 한국은 과거 한국전쟁 때 다른 나라의 도움을 받은 적이 있어. 그것을 잊으면 안 되는데 말이야.

나지마 자하라!
난민, 아니 '박해와 전쟁의 피해자'들이 세계 모든 나라에서 인도적 차원에서 보호를 받을 수 있어야 한다고 생각해. 우리는 언제 어디서든 서로를 도와야 할 책임이 있는 '세계 시민'이기 때문이지.

쌤에게

빛나는 별이라는 이름처럼

어제는 오빠를 따라 태권도를 배우러 갔어요. 오빠는 태권도 선수가 되어 올림픽에 나가는 것이 꿈이래요.

저는 꿈이 없었어요. 난민 캠프에 사는 우리가 희망을 갖는다는 게 무슨 의미가 있을까 생각했거든요. 사실 오빠가 올림픽에 나가는 일은 낙타가 바늘구멍에 들어가는 것보다 더 힘들다고 생각했어요.

오빠는 태권도를 배운 뒤 하루도 빠짐없이 도장에 나갔어요. 그때마다 오빠는 제게 물었어요.

"나지마 자하라! 같이 갈래? 여자아이들도 있어."

전 시큰둥했어요.

"그까짓 거 배워서 뭐해?"

"그까짓 거라니! 이거 볼래?"

그러면서 오빠는 돌려차기를 멋지게 해보였어요.

"호신용으로도 배우면 좋지 않겠어?"

전 들은 체도 하지 않았어요.

그런데 오빠가 난민 캠프에서 최초로 태권도 1단을 딴 거예요. 그래서 난민팀 대표로 아시아 대회에 나간대요.

엄마 아빠가 그토록 좋아하는 건 처음 봤어요.

"파라즈! 네가 희망이다!"

엄마의 그 말을 들었을 때 전 진심으로 눈물이 났어요.

희망이라는 말이 진짜 우리 가족에게 오다니!

오빠는 검은 띠를 두른 도복을 입고는 멋지게 사진을 찍었어요.

"진짜 올림픽에서 난민팀 최초로 금메달을 따는 거 아냐?"

저도 모르게 그런 말이 나왔어요. 오빠는 제 머리를 쓰다듬으며 씨익 웃었어요. 오빠가 멋져 보인 건 처음이에요.

그래서 저도 오빠를 따라 태권도장에 가 봤어요. 제 또래 여자아이들이 태권도를 배우고 있었어요. 아이들이 발차기하는 모습을 보면서 제 마음속에 무언가가 꿈틀대는 듯했어요. 태권도 선수가 꿈은 아니지만, 오빠 말대로 호신용으로 배워 보려구요.

사실 제 진짜 꿈은 힙합 가수가 되는 거였어요. 하지만 포기했어요. 매일매일 가사를 쓰고 남몰래 부르곤 했지만, 무대에 선다든가 하는 일은 감히 꿈도 못 꾸었거든요.

그런데 오빠를 보니까 저도 뭔가 할 수 있다는 생각이 들어요.

쌤이 말씀하신 적이 있죠?

"가슴속에 꿈을 지닌 사람들은 언젠가는 가장 빛나는 순간을 맞는다."

그 말을 믿게 되었어요.

먼지 바람이 이는 사막의 난민 캠프지만 저는 다시 꿈을 꾸려 해요. 제 이름 '나지마 자하라'처럼 빛나는 별이 될 거예요!

나지마 자하라에게

작은 일이 쌓여
큰 일을 이루듯

나지마 자하라!

네 편지를 받고 난 다시 옥상으로 올라갔어. 오늘은 미세먼지 없이 깨끗한 하늘이라 별들이 밝게 보였단다.

나지막이 네 이름을 불러 보았지.

"나지마 자하라, 밝게 빛나는 별."

사실 난 요르단의 팔레스타인 캠프에서 무척 절망했었단다. 국제 사회의 구호로 하루하루 근근이 살아가는 사람들의 모습에서 희망보다는 절망이 더 많이 보였거든. 특히 아이들을 보면서 그런 마음이 더 들더구나.

난민 캠프에서 태어나 난민 캠프에서 하루하루 살아가야만 하는 아이들이 보호도 받지 못하고 교육도 제대로 받지 못한 채 지내는 것에 어른으로서 무거운 책임감을 느꼈어.

심지어 내가 하는 일이 너무 작고 보잘것없다고까지 느껴졌지. 하루치 식량이 무슨 도움이 될까 하고 말이야. 하지만 나는 마음을 다잡았단다. 작은 일들이 쌓이고 쌓이면 큰일을 이룰 수 있다는 걸 알고 있거든.

네 편지를 받고 너의 밝은 빛이 내게 와 닿는 느낌이 들었어. 그 빛은 희망을 건네주었단다.

"그래, 그때 내가 한 일이 보잘것없는 게 아니구나. 내가 한 NGO 활동이 사실은 작은 씨앗이었구나."

지금도 많은 국제 구호 단체들이 힘을 보태고 있고, 난민 캠프에 활동가들을 파견하고 구호품을 보내고 있지. 그건 작은 씨앗이고, 작은 빛이라고 생각해. 그러나 그 작은 씨앗과 빛이 새싹을 틔우면 아무도 상상할 수 없는 거대한 나무가 된다고 믿어.

오빠 파라즈가 아시아 대회뿐 아니라 올림픽에서 뛰게 될 그날이 기대되는구나. 그때쯤이면 나지마 자하라 너도 세계 평화를 노래하는 힙합 전사가 되어 있지 않을까? 그래서 우리의 '밝은 별'이 되어 있겠지?

나지마 자하라!
오늘밤 옥상에서 가장 빛나는 별을 찾아보았단다. 그 별이 내뿜는 빛은 다시 희망을 꿈꾸는 누군가의 가슴에 가 닿을 거라고 믿어.

한 걸음 더
세계 속으로

아일란 쿠르디

2015년 9월 2일 튀르키예의 휴양지에서 세 살 배기 어린아이가 죽은 채 발견됩니다. 아일란 쿠르디라는 아이였습니다.
 시리아의 내전을 피해 가족과 함께 작은 배를 타고 그리스로 가다가 배가 뒤집히는 사고를 당해 파도에 의해 바닷가로 떠밀려 온 것이었어요. 다섯 살짜리 형도 함께 죽었어요.
 아일란 쿠르디의 사진이 언론에 보도되자 전 세계는 충격에 휩싸였고 분노했습니다. 생존의 위기에 몰려 더 나은 삶을 찾기 위해 고향을 떠나온 난민들이 얼마나 큰 위험에 처해 있는지를 고스란히 보여 주는 사진이었거든요. 아일란 쿠르디의 죽음 이후 전 세계가 난민을 보호해야 한다고 한 목소리로 외쳤습니다. 하지만, 난민 문제는 여전히 해결되지 않고 있답니다.

난민은 왜 발생하는 걸까요?

2022년 2월, 러시아가 우크라이나와 전쟁을 일으켜 우크라이나 사람들 600만 명이 난민이 되었지요. 이로 인해 세계는 사상 최대의 난민 위기에 처해졌습니다.

유엔 통계에 따르면 세계에서 매일 4만 4,000명이 전쟁이나 박해를 피해 피란을 간다고 합니다. 고향을 떠나 다른 곳으로, 혹은 다른 나라로 가는 것이지요. 그런 사람들은 대부분 빈손으로 고향을 떠나게 되고, 약간의 돈과 물품이 있다 해도 얼마 안 가 다 떨어지고 맙니다. 때문에 그들은 쉽게 생존 위기에 몰립니다.

유엔에서는 1950년 유엔난민기구UNHCR를 설립했습니다. 처음에는 제2차 세계대전으로 인해 발생한 난민들을 돕기 위해 만들어졌습니다. 이후 1950년대와 1960년대 들어서는 아프리카 국가들이 유럽 국가들로부터 독립을 하면서 많은 난민들이 발생하자 주로 그 난민들을 돕게 되었어요. 유럽 국가들은 아프리카 민족의 삶이나 문화와는 관계없이 자신들의 이익에 따라 아프리카를 나누어 가졌습니다. 그 때문에 아프리카 국가들은 독립 후 민족 간 갈등이 심해졌고, 그것이 전쟁으로 이어졌지요.

이 밖에도 종교적 갈등(아랍 국가들 간의 전쟁), 인종적 갈등(동유럽 국가들의 전쟁) 등의 이유로 많은 전쟁이 발생하면서 지구촌 난민의 수는 점점 늘어나고 있습니다.

전쟁뿐만이 아닙니다. 인권 침해와 박해를 당해 난민이 되는 경우도 있습니다. 불교 국가인 미얀마는 이슬람을 믿는 로힝야족을 박해하면서 '인종 청소'를 하고 있습니다. 그로 인해 로힝야족은 방글라데시 등으로 피란해 난민 생활을 하고 있습니다.

기근과 기아로 인한 난민도 많습니다. 흉년이 들어 먹을 것이 없어져 병이 들거나 죽어 가는 이들의 경우 결국 먹을 것을 찾아 난민이 되고 맙니다. 자연재해 등 기후 변화로 인해 난민이 되는 경우도 있습니다. 홍수와 지진 등 자연재해를 입어 집을 떠나야 하는 사람들이 매년 2,000만 명이나 된다고 합니다.

난민들이 해마다 증가하면서 난민 위기가 닥쳤습니다. 전쟁이나 박해, 기근 등으로 집을 떠난 난민들은 떠나는 순간부터 큰 위험에 처하게 됩니다. 다른 나라에 살게 되면서 겪는 언어 장벽, 일자리를 구하는 문제 등으로 인해 가장 기본적인 생활조차 할 수 없을 정도로 큰 어려움을 겪습니다. 차별적 시선도 그들을 힘들게 하지요. 많은 나라가 난민을 받아들이는 것을 꺼립니다. 설사 받아들인다고 해도 다양한 방식으로 그들을 차별합니다. 이는 또 다른 형태의 난민 박해입니다.

난민은 우리 모두의 책임이에요

　가족을 잃고 집을 잃어 낯선 곳으로 삶을 찾아 떠난 난민이지만, 그들은 힘든 상황에서도 결코 포기하지 않습니다. 부모들은 아이들이 계속 공부할 수 있도록 애쓰고, 이웃과 서로 도우며 살아가고 있습니다. 힘든 환경 속에서도 자신의 권리를 지키기 위해 노력하는 강하고 용기 있는 사람들이지요. 난민을 그저 불쌍한 사람들이라고 생각하는 것은 오해랍니다.

　난민 문제는 우리 모두의 책임이에요. 전쟁이 발생한 데에는 무기를 판 나라들, 다른 나라 일에 간섭했던 나라들의 책임이 크기 때문이지요. 그래서 전 세계 사람들이 함께 책임을 져야 해요. 특히 돈이 많고 힘이 센 나라들은 더 적극적으로 도와야 하지요. 돈만 보내는 것이 아니라, 난민들이 새로운 곳에서 안전하게 살아갈 수 있는 제도와 기회를 만들어야 해요.

　우리는 난민을 돕는 것을 단지 '불쌍해서'가 아니라, 평화를 만드는 중요한 기회로 생각해야 합니다. 난민들이 겪은 경험은 다시는 전쟁이 일어나지 않도록 하기 위해 배워야 할 소중한 교훈이지요.

　그들의 삶에 관심을 갖고 평화를 생각한다면, 더 정의로운 세상을 만들 수 있어요.

기획자가 보내는 편지

어린이의 마음이
세상을 구한다는 말

 안녕, 난 동화작가 김진이라고 해. 이 책을 기획했어. 즉 이 책을 만들어야겠다고 생각한 사람이지. 유정애 쌤의 여정을 많은 친구들과 나누고 싶었거든.

 내가 어릴 적에는 세계 여행을 한다는 것이 쉽지 않은 일이었단다. 그래서 세계 사람들의 이야기는 주로 책을 통해서 알게 되었어. 세계 백과사전을 들여다보는 것은 큰 즐거움이었지. 거기에는 멀고 먼 아프리카에 사는 사람들, 문명과 동떨어진 생활을 하는 남아메리카나 동남아시아의 부족 이야기가 나왔는데, 그들은 낯설고 신기한 존재들이었어.

 종종 친구들과 사회과 부도 속의 세계 지도를 펼치고 놀기도 했지. 주로 세계의 도시 찾기를 하는데, 술래가 어느 도시 이름을 대면 먼저 찾는 사람이 이기는 놀이였어. 술래가 문제를 내면 지도 구석구석 눈에 불을 켜고 도시를 찾아냈고, 술래가 되면 상대방이 찾지 못하도록 지도 귀퉁이에 숨어 있는 도시 이름을 대곤 했어. 나는 지도 위에서 그렇게 세계 여행을 했고 꿈을 키웠단다.

요즈음은 세계 여행이라는 게 그다지 신기한 일은 아니야. 교통과 통신이 발달해 여행하기가 매우 쉬워졌을 뿐만 아니라 정보도 넘쳐 나거든. 세상 끝이라고 할 수 있는 극지방이나 남아메리카 대륙의 우유니사막처럼 가기 어려운 곳도 VR 헤드셋을 착용하기만 하면 가상현실 속에서 여행도 얼마든지 가능한 세상이 되었으니까.

그럼에도 유정애 쌤을 처음 만났을 때, 무척 놀라웠단다. 쌤은 나처럼 지도 속 세계 여행이 아니라 직접 발로 뛰어 세계 구석구석을 여행을 다녔고, 그 여행이 매우 특별했기 때문이야.

처음 쌤의 이야기를 들을 때는, 우리 친구들도 이 이야기를 듣고 세계를 향한 꿈을 키웠으면 좋겠다,고만 생각했어. 한국인일 뿐만 아니라 '세계인'으로 자라나는 데 쌤의 이야기가 도움이 되고 자극이 될 거라고 생각했거든. 그런데 쌤이 이야기를 들으면 들을수록 그것보다 더 중요한 것이 있다는 생각이 들었어.

진정한 세계인이란 무엇일까? 그리고 그 세계는 어떤 세상이어야 할까? 날마다 전쟁이 일어나고, 미움이 가득한 세상, 오염된 지구 환경에서 '세계인'이 된다는 것이 과연 의미가 있는 일일까?

세상이 평화롭고 평등할 때만이 '세계인'으로 살아가는 게 행복하고 즐겁겠지. 친구들이 진정한 세계인으로 살기 위해서는 먼저 그런 세상이 와야 한다는 생각을 하게 되었단다.

그런 세상은 누가 만들어 주는 것이 아니야. 우리 스스로 만들어 가야 하지. 서로가 잘 몰라서 갖게 되는 오해와 편견, 거기에서 오는 차별, 국가 이기주의에서 벌어지는 폭력과 전쟁, 위기를 겪고 있는 기후와 환경 문제 등에 관심을 기울이고 해결하기 위해 노력한다면 그런 세상이 만들어질 거야. 지금보다 '더 나은 세계' 말이야.

내가 쌤의 이야기를 책으로 만들어 친구들과 나누었으면 좋겠다고 생각한 건 바로 이 때문이야.

쌤의 경험에서 보듯 세상은 밝고 아름답지만은 않단다. 하지만 지혜와 마음을 모으고 실천하면 세계의 어둠을 밝힐 수 있다고 생각해.

내가 좋아하는 말 중에 이런 말이 있어.

"어린이의 마음이 세상을 구한다."

어린이의 마음이란, 편견과 차별 없는 마음, 세상을 있는 그대로 바라보고 인정하는 마음이야. 바로 이 책을 읽는 친구들의 마음이지.

친구들아, 그런 마음으로 유정애 쌤의 말처럼 이 세상이 '더 나은 세계'로 가는 데 지혜를 모아 주겠니?

2025년 8월

김진

지도를 펼치고 전쟁 대신 평화

2025년 8월 19일 초판 1쇄 발행
2025년 11월 19일 초판 2쇄 발행

글쓴이 유정애
그린이 노영주
기 획   김 진
펴낸이   박혜숙
펴낸곳   도서출판 푸른역사

우) 03044 서울시 종로구 자하문로8길 13
전화: 02)720-8921(편집부) 02)720-8920(영업부)
팩스: 02)720-9887
전자우편: 2013history@naver.com
등록: 1997년 2월 14일 제13-483호

ⓒ 유정애, 김진, 2025

ISBN 979-11-5612-302-6 74300
ISBN 979-11-5612-300-2 74300(세트)

· 잘못 만들어진 책은 교환해드립니다.